气候、地理与古代的我们

CLIMATE, GEOGRAPHY, AND ANCIENT CIVILIZATIONS

邢海洋 著

中国人民大学出版社
· 北京 ·

序

Preface

人类立足于天地之间，从远祖至今，不知经历了多少日月轮回与沧海桑田之变。那是一段漫长的时光，若从在东非坦桑尼亚发现的古人类遗骨算起，至少已经有二百多万年了。每一代人只有几十年生命，二百多万年内斗转星移，人类不知繁衍了多少代，其间不仅经历了能人、直立人、智人到现代人的进化过程，而且从来没有脱离对自然的索取、利用与观察。二百多万年内天、地、人并行存在，彼此之间的关系却不同，天、地是大自然的本色，而人类需要仰仗天、地而生存，不仅从中获取资源，也参与了对于环境的改造。如果说二百多万年内自然环境发生了变化，那么人类不仅是参与者，也是见证者。毋庸置疑，大自然的伟力是巨大的，无论气候冷暖干湿的波动，还是地表山地平原的塑造，都是自然力的成果。在大自然面前，人类固然显得十分渺小，但也参与了对于环境的改造。人类参与对于自然环境的改造绝非有意为之，而是本着求生的本能，但每一项人类活动都成为自然力以外的催化剂，从远古时期在大自然中直接获取动植物资源到农业生产的出现，从工业革命到当代高新技术的应用，人类自身的发展在环境史中不仅占有一席之地，而且越来越重要。也许正因如此，人们在关注自然的同时，也在不断审度自己的行为，并将其注入各类研究中。邢海洋的著作《气候、地理与古代的我们》，讲述的就是以环境为根本，天、地、人之间的那些事。

人与自然之间的关系，从人的经济行为开始。在考古学界界定的旧石器时期，人们的维生手段基本是采集渔猎，这是纯粹从自然界索取，因此学术界将这样的维生手段称为利用型经济。距今一万余年以前，人类历史进入新石器时代，尽管这一时期人们手中的工具仍然存在石器，但农业已经出现了。农业在今天看来属于最普通的经济生活方式，对于那个时代而言却是全新的探索。正因如此，英国考古学家戈登·柴尔德（Vere Gordon Childe）将这一人类经济行为称为“新石器革命”。显然农业不仅仅是对自然资源的单一索取，而是将人类的生产行为注入其中，并通过人类自身的劳动而产生收获物。因此，学术界将农业称为生产型经济。从利用型经济到生产型经济，人们不仅维生手段发生了变化，而且参与了对自然环境的改造。这样的改造不仅用农田取代了原生态的地理环境，迫使天然植被一步步退向不宜耕种的地带，而且在大地上布满人类足迹的同时，使大自然逐渐失去原有的生物多样性特征。《气候、地理与古代的我们》这部著作用不小的篇幅，讲述了在农业背景下人与地的故事，文中的“风吹来的黄土”“寻访桃花源”“天下之中”“大平原”“冲积扇的诱惑”，都没有离开农业，以及人们在从事农业的过程中与大地建立的关系。文中涉及的农耕之地，无论地处黄土高原还是平原与冲积扇上，每一处均非最初就是发展农耕的“理想国”，人们通过农业立足在这些土地上，不仅存在“筚路蓝缕，以启山林”的艰辛劳动，与之相伴的也是观天时、择地利的改造自然过程。人类在大地上留下的印痕，对于今天与未来意味着什么？《气候、地理与古代的我们》这部著作在回顾往时、往事的同时，将关注点投向反思与鉴戒之中。

与天、地、人对应的就是气候、地理与我们，《气候、地理与古代的我们》是邢海洋这部著作的书名，也是全书探讨的核心。人们在大地上耕作，却没有忽略对于天、地以及周围一切的观察，并在观察中不断思考自己与大自然的关联。正因如此，世界各地不约而同地出现了大洪水的传说，无论《圣经》中的诺亚方舟，还是中国上古史中的大禹治水，均为后人展现了一片洪荒之地。如何从科学意义上解读这场滔天洪水，重现先祖如何摆脱这场大洪水，并在大水之后的土地上安家落户，邢海洋在著作中做了多个角度的诠释与探讨。气候变化是人类始终面对的现象，人类从立足在大地上开始，不仅经历了第四纪冰川以及此后的气温冷暖之变，也在冰期完成了经由白令海峡的迁移。我们在《气候、地理与古代的我们》这部著作中看到了人与自然拼搏中诞生的文明曙光。人类是文明的操持者，而对于人类如何产生，即我们是谁、又是从哪里来的这样的问题，无论古今都在思考。顺着这样的线索不断向前追溯，我们再次看到世界各地关于人之初的传说，无论是《圣经》中的亚当、夏娃，还是中国上古传说中的女娲，都是传说中的人之祖。《气候、地理与古代的我们》每个篇章中的"我们"，不仅在思考人之初的那些事，也在人与天、人与地的关系中寻找答案。

《气候、地理与古代的我们》是一部集科学探讨与科普双重内涵的著作，整部著作在天、地、人多重内容中穿行，并将自然科学与人文科学融为一体，让我们看到了大自然的伟力与沧海桑田之变，也感受到人类与天、地的关系。从整个地球到中国大地，今天我们周围的一切与二百多万年前决然不同，但古今之间却从来没有失去关联，这里包含着大自然的奥秘，也蕴含着人类的奋斗。"让历史告诉未来"这一口号，永远不会失去价值，因为回顾过往，重要的价值在于获得知识，也作用于当下。

邢海洋毕业于北京大学地理系，又留学于美国，深谙地理学的要旨，《气候、地理与古代的我们》书写的不仅是科学视角下的天、地、人关系，也展现了第四纪以来最需要回顾的那些事。过往的一切似乎已经远去，却又都在眼前，因为我们的存在从来没有离开过头顶上的蓝天与脚下的大地。阅读、品味邢海洋的著作《气候、地理与古代的我们》，可以发现，其魅力在于，不仅在谈天论地中涉及过往与当下，而且一切也存在于我们身边。

韩茂莉

于北京大学双创中心

2024 年 1 月 2 日

目录

Contents

引子　我的地理行走之旅

一

在去西北的火车上，遇到一位来自祁连山的牧人，我向他打听野生动物的迁徙状况。邻座一位上海的旅行者加入了谈话，她问道，为什么动物能感知到地震，感知到洪水，能找到水源，每年迁徙那么远都能原路返回，可我们人类为什么这样蠢——下雨天，老忘了带伞，出门还得靠导航，对地震毫无知觉，海啸还得靠预警。

她一问，我都替人类不好意思起来。

如果我们冬天没有棉衣可穿，再退回到猿人阶段长出毛发是不可能的了，我们会像动物那样用冬眠熬过漫漫寒冬吗？中国四季分明，植物主要在秋天结果，其余的季节我们怎么生活呢？全靠渔猎吗？冬天结了冰，古人凿得开湖面吗？那么多种植物，很多是有毒的，神农尝百草之前，我们的祖先是怎么活过来的？如果不认路，出外打猎的我们怎么回到自己的巢穴？

动物不用学，好多事情都会，可人样样都得学，人类相比动物是不是退化了？我搜肠刮肚回答那位上海人，我说，动物需要凭着基因来记忆，动物一出生就得学会奔跑，比如斑马、羚羊，可人要十个月以后才学会走路，恰恰说明人类要把最宝贵的时间月来学习更高级的知识，比如说话。

其实说这个理由的时候，我还是有些心虚的，我又搬出维也纳擦鞋童的故事，过早地为生计奔波，反而不可能有更大的成功。但是，我仍然是心虚的。如果火车抛了锚，如果没有救援，我们一车厢的旅客从此开始了荒野生存，那会是什么样的状况？

这一切引导着我去追寻人类刚诞生时的情形。

原始人当然不会像躲在房间里吹空调的我们一样五谷不分，但他们也没有我们现在所拥有的科学知识。穿越回去是没有意义的。

假想一架飞机把一群群参与野外生存的人，投送到这片土地的不同角落，再用机器猫的时光机加速，看哪一拨人最先聚合出文明形态，也不现实。原始人没有现代科学知识，我们只能设身处地地站在刚从森林里走出来、身体直立的两脚兽的角度，去考虑、去设想。

我是学地理的，那是很久远的事儿了。很长一段时间我都靠写经济专栏过活，当然，这也训练了我灵活的思考角度。现在我又开始思考地理问题了，这一思考就越发不可收拾。

我开始走，在全国各地行走。当我试图用自然科学知识滤去高楼大厦、公路、大桥、河坝等钢筋水泥这些现代因素，再滤去田畴沃野的古代农业因素后，其实还是不满足的，我还希望把现代的气候加之于古代，感受古代这片土地的寒热冷暖，去探索古代这片土地上人类的生活，解释地理环境与文明生发的关系。

二

英文的“geography”（地理）一词来源于希腊语，意为“地球的描述”。古人所谓“上知天文下知地理”，普天之下地理似乎无所不包。就我所学的专业自然地理而言，从土壤到大气，从河流到植被，凡我们日常生活所在的自然环境，都是自然地理学研究的范畴，地理学还拓展到人文、历史和文化领域，更是深入人类社会的各个角落。正因为其兼容并包的性质，当人类还处于萌芽期，人类社会还严重依赖自然而存在的时候，用地理学去解释文明的发生和发展，我想是最好不过的。

用地理学的专业术语，人类生活的环境，由相互联系、相互作用的四个部分或“圈层”组成，分别是岩石圈、大气圈、水圈和生物圈，简言之便是土地、空气、水和生命。

四个因素中哪一个最重要，是决定性因子呢？我以为是水。空气无处不在，土地其实也是如此。只要有了水、有了日晒雨淋，假以时间，植物就会生长出来，荒原上长苔藓，荒漠变绿洲，土壤也在生物与岩石碎屑的相互作用中形成。恰恰是水，其多寡决定了生态环境的潮湿或干旱、宜居或不宜。

水以三态的形式存在于地球表面，或以液体形态存于江河湖海，或以冰的形态存在于冰原山川，或以水蒸气或小水滴的形态浮于大气。在大的气候变迁中，水也发挥着触发与累积的作用，如冰川开始生长，反射了阳光，地球变冷，冰川于是继续扩大；冰水相变释放或吸收大量热量，又延缓变化的进程。当气候转暖，冰雪融化，地球内陆的水体向海洋转移，一个巨大的天然水库开闸放水，河流两岸的原始人获得了稳定而丰富的水源。

而水的运动，或和风细雨，或暴雨倾盆，要么带来风调雨顺的天时，要么导致民生艰难的恶劣环境。而地球变暖或变冷的过程中，水的整体运动也随之或“繁忙”或“淡静”，海洋与大陆之间的水循环也随之变化，毫不知情中气象事件一个个降临。人类有了对世界的探究之心后，或许最初想知道的便是风霜雨雪的变化，甲骨卜辞中有不少关于这方面的疑惑。

2023 年夏天，京津冀太行山前一场暴雨把我的目光吸引到了西太平洋。中国这片土地紧邻太平洋，也是台风登陆最多的地方之一，天气变暖，台风接踵而至，遇到太行山的阻挡最容易在山前地带降下暴雨，并形成洪水淤塞。目光向南移，同样是在太行山和秦岭交界的山前地带，一场暴雨中郑州洪水涌入了地铁。降雨机制和中国独特的地形特征，使得大平原的一角——太行山山前走廊似乎是理想的农耕场所，可若以今日我们对全球变暖过程中气候剧烈变化、台风暴雨等气象灾害频发的观察，我意识到这一片狭长区域却可能经常遭到高压水枪式降水的毁灭性打击。仰韶时代，一个持续约两千年的大暖期，那时候的东部大平原气候也会是炎热与天灾共存。

当目光从东部平原移开转向大山深处，中国的高山密布于青藏高原，并向东延伸，在中国地形第二级阶梯上，仍分布有颇高的诸如太白山、五台山等高山。全新世以冰雪融化为开端，意味着有大量的冰雪融水从西部高原奔流汇入大海，现在荒芜的某些内陆地区古时却湿润温暖，适合手无寸铁的人类开荒种植，形成农耕聚落。及至后来冰雪与气候重新恢复了平衡，西部高山对水汽的拦截作用似乎也比现在强烈，到了元代，我国大陆东部的第一高峰、秦岭主峰太白山也是终年积雪。

冰川的存在，给予山脚下的土地稳定的、持续不断的水源，给生活在内陆的古人以颇为适宜的农耕环境。当然，随着全新世大暖期的结束，气候有逐渐干冷化的趋势，西北大地越来越不宜居了。

陆地上的冰雪融水流入海洋，海平面在不断上涨，全新世海平面在五六千年的时间内上升了大约 50 米，随后还有微小的波动，海岸带充满了诱惑，却也危机重重。沿着东部海岸带，中华文明曾经曙光初露，5 000 年前的良渚水城的发现被视为华夏大地迈入文明门槛的重要证据，可惜良渚文明未能延续下去。

在人类没有筑坝束河之前，黄河下游的泛滥状态是阻止古人在大平原上繁衍的因素，这里黄河经常改道，大平原上河流湖沼密布，彼时并不适于大量人口的聚合。

三

我在黄河腹地、在大西北坐着火车穿行，观察山川地貌，想象古时它们的样子，再结合全新世气候波动状况，试图对原始聚落的分布、文明的起源做出第一性的解释。盘旋于大脑中最多的一句话是司马迁所说的“昔三代之居，皆在河洛之间”，夏商周时华夏民族还主要集中于黄河、洛河交汇的黄河出山口附近狭窄的范围内。三代之前，那个我们心目中理想化的尧舜禹禅让时代，中华文明生机勃发的前夜，先人们又是在哪里聚族而居？

行走中我萌生了寻找古人的“桃花源”的想法。太行山的西部——山西和陕西，远古的地质运动在大地上撕开一条巨大的裂口，第四纪冰河期来自西北的凛冽季风吹来了厚重的黄土，黄河的两大支流汾河、渭河一边在上游切割侵蚀山地和高原，一边在下游堆积出一片肥沃的土地。这里“水深土厚”，又有太行山抵挡住了来自海洋的暴风骤雨。汾渭大裂谷从内蒙古高原一直“撕裂”到秦岭脚下，盆地从北到南仿佛一串珍珠。又由于北高南低的地势扩大了纬度气象带的气候差异，在我眼里，这片串珠式盆地如同文明聚合的台阶，最终在台阶最温暖的南端运城盆地，碰撞聚合出来华夏文明。

运城盆地之所以独特，除了温暖的气候以及汾河与黄河带来的肥厚土壤，运城盐湖这一中原腹地巨大的盐湖也是“神助攻”。以今日的眼光，这里隐于内陆腹地，交通不便，连盐湖的主要成分都不是氯化钠而是硫酸钠，但在古代，这里堪称这片土地上独一无二的“桃花源”。

直到古人在山后的桃花源内修炼出了足够的功夫，有了强大的组织，才得以在大平原上大展身手。铁器大量运用，大平原繁荣起来。

四

而在这条大裂谷的北端，蕴藏着中国人最早的记忆之一，那就是号称东方奥杜威峡谷的泥河湾古人类遗迹群，延续了近 200 万年的泥河湾系列遗址群让人浮想联翩。这里是连接内蒙古高原和华北平原最平直舒缓的大通道，冬日里北风呼啸、寒冷刺骨，我联想到了远古时代动物的季节性迁徙，以及褪去体毛的人类为了抢先一步截击草原食草动物所付出的努力。古人类遗址在桑干河谷地，为草原南缘外条带状地带的存在，生存环境恶劣，是否说明那时候的人类已经相当内卷了？

而桑干河出山口不远处周口店古人类遗迹的连续出现，似乎也昭示着古人的生存严重依赖于华北平原与太行山高山盆地气候和植被的巨大差异所带来的动物迁徙。因为温度的差异，那时候的人可能也是候鸟式旅居的，冬天山下避寒，夏天去高原避暑。

人类的进化史可追溯到数百万年前，但主要的进化进程是在 200 万年间，南方古猿中的一支进化成为能人，他们最早开始打制石器工具。也是约 200 万年前，直立人出现在了非洲草原，他们数度迁移到欧亚大陆。我们这里发现的远古人类如北京人、蓝田人也都是直立人种。及至智人出现，在十几万年的时间里遍布非洲、亚欧大陆、南北美洲和大洋洲。

可就这 200 万年里，人类遭遇的气候折磨也是难以想象的。约 260 万年前，地球转冷，冰川冰盖形成于大陆表面，海平面下降了，一群真马，即进化角度现代意义的马，从原产地美洲沿着白令陆桥来到亚洲，标志着第四纪也就是冰河时代开始了。在我们所在的这片土地，冰河时代开始的一个重要现象是黄土高原上的黄土有了堆积，这意味着来自西北的风沙肆虐起来。和地球存在的 46 亿年中的绝大部分时间不同，第四纪时的地球如同得了疟疾，打起了摆子，忽冷忽热，冷的时候比现在冷得多，冰雪覆盖北美和欧洲的大部分地区；热的时候又比现在热得多，冰雪融化，海水回涨。最近，中国学者在《科学》杂志上发表研究成果，人类种群曾在 90 余万年前从十万余人口骤减到千余人，濒临灭绝。可以想见，人类褪去了体毛后，在暖期的生活是相当惬意的，可到了寒冷期，还不会缝制衣服的人类面临着巨大的煎熬。这可能是本地直立人消失以及非洲人种数度走出非洲的原因。但从另外的角度思考，也正是这样不断变化的环境，使得适者生存，人类进化出了一系列御寒的本领，在气候多变的环境考验下成长起来。

当亚冰期最后一次降临——这是最厉害的一次，称为盛冰期——人类约在 15 000 年前借由白令陆桥的再次开启来到了美洲的土地。一群马，一族人，相距 250 余万年，给这个变乱的气候时代带来了独特的生机。当然，人类社会发展也走过很多弯路，智人踏入美洲大陆近万年的时间内，马和其他许多大型哺乳动物被猎杀灭绝，剩下的是北美野牛等桀骜不驯的动物。在新石器文明的发展中他们丧失了驯化大型家畜的可能，没有家畜可以帮助耕种、牵引和托运，也因此不会有轮子和车的发明。所以，在欧洲人“重新发现”新大陆的时候，北美印第安人处于绝对劣势。

我的地理行走，以北京为原点，向西北到张家口、大同，再到包头，探访农牧交接带的植被和气候，寻访200万年前的古人类遗迹。向西行，则是数次驻留西安，再从那里去甘肃、青海和新疆；去山西，则是从河北保定进入太行山，从山西忻州经太原、平遥一路向南到达临汾、运城，在黄河岸边的鹳雀楼怀古。向南行，则是沿着太行山，沿白洋淀、邯郸、安阳和郑州一路到黄河岸边。写作上，以时间为经线，从旧石器时代到新石器文化到中华文明，百万年的人类史、一万年的文化史、五千多年的文明史，由远及近写来。

地理行走途中，在乡村的长途车上，在绿皮火车上，在高铁上，在飞机的舷窗边，更在大脑里幻化出一场头脑风暴。邀请读者和我一起体验一场文明的生发之旅。

第一章

暴雨与台风，今人与古人

2021 年河南“7·20”特大暴雨灾害的前几天，我坐高铁从那里经过。列车飞驰，安阳、鹤壁、新乡等城市一掠而过。2023 年 7 月底至 8 月初的京津冀暴雨，我困在家里，盯着电脑屏幕上的实时大气流动图，看着直逼南方海岸线的台风漩涡越转越“红”，看着台风旋臂夹带大风扑向北方。此时，窗外的雨如瓢泼般落下。

⊙ 一场暴雨

2023 年 7 月底至 8 月初，确切地说是 7 月 29 日到 8 月 1 日，京津冀，尤其是太行山和燕山交会的山区与山前地带连下了三天三夜的雨，雨水连绵不绝，一阵紧似一阵。我起初还没有什么担忧，天旱日久，雨水很快就渗进了土里，去院子门口的排水沟看，好像都没形成水流。第二天，院子里积满水了，雨滴打在水面上泛起水花，水沟里的水流淌得越来越急。房屋是传统的农家红砖瓦片房，吊顶上已经有了水渍，并且陆续在扩大，我的心也悬了起来。

2023 年夏北京暴雨

好在提前整修了屋顶。这让我想起了 2012 年北京“7·21”特大暴雨，那次雨水滴滴答答地落下来，我们只好把床挪到一边睡觉，迷迷糊糊中总担心雨水对土壤形成润滑作用，把房子“移”

走。当然，在大平原这种担心是多余的。

想起苏轼遭遇台风的情景。北宋，900 多年前，人们还不知道台风的原理，管这种看似没有规律的风雨交加叫作飓风，犹如“四面风俱至也”[1]。据传苏轼曾写过一篇《飓风赋》，记录台风来时的景象：“排户破牖，殒瓦擗屋。礧击巨石，揉拔乔木。势翻渤澥，响振坤轴。”苏轼还记录了自己当时的毛骨悚然，他害怕得晚上搬了九次床铺。而我搬床铺，完全是屋子漏雨的缘故。作为现代人的我，幸运的是可以靠着电子云图追踪降雨云的踪迹，除了担心屋漏，对雨水的过程还是颇为“知根知底”的。

古时没有天气预报，一次台风就可能会伤及万人性命。现在我们了解了台风的成因，可以提前预防。北京此次长约 70 小时的暴雨，就是编号为“杜苏芮”的台风引起的。台风在遥远的南方福建泉州登陆，离北京直线距离约 1 700 公里，可台风外围的云雨带已经扫过了北方。由于地转偏向力的作用，在北半球台风是逆时针旋转的，其巨大的漩涡还带动了台风区域之外空气的流动，太平洋上的水汽直奔华北平原而来。恰巧这时，内蒙古高原上有一个高压带阻止了气流向内地流动，京津冀地区于是形成了大范围的降雨。洪水从山区奔泻而出，山谷里的汽车漂成了船，山口的桥梁都被冲毁了。在拒马河出山口，洪水把河道又淘挖了 6 米深，桥墩的基础在河床中裸露出来，这在有水文记录的百年间是绝无仅有的，尽管此前也有过比这次更大的流量。但在传统

① 唐代房千里所著《投荒杂录》中曾这样记载：“岭南诸郡，皆有飓风，以四面风俱至也。”

农业社会，基础设施薄弱，河水泛滥，造成的损失反而小些。

降雨损失最大的地点在涿州，河道被冲开，或因主动泄洪，洪水冲进了200余个村庄。城市里也是一片汪洋。大水把道路变成了河流，水面把路灯杆吞没了大半，几乎接近路灯的位置。十多天后水才退去，我从新闻里看到，农民们回到家里，稀泥没到了脚脖子，深的地方没到了膝盖。

一次百年不遇的大洪水，改变了华北平原的面貌，但这种面貌很快就会被我们人类再次改造回来——垃圾被清理，淤泥被推走，生活恢复常态。可如果没有人类干预，大平原又会是何等面貌呢？

十几天的浸泡，使华北平原地下水位回升，在我们看不到的地方，一场大雨还是产生了永久性的变化。作为一位自然地理专业的毕业生，我被这些变化吸引着，把眼光投向更远古的时代。

⊙台风

这里有必要普及一下台风的知识。

台风形成于热带海面，只有当海面温度达到26.5℃左右的时候，才能形成台风。当大面积的海水处于高温状态，蒸发起来，就形成了一个低压中心，四周的空气便汇聚过来，形成了风。在地转偏向力的作用下风向偏转，北半球形成了逆时针旋转的漩涡，南半球则是顺时针方向漩涡。漩涡在海面移动，高温的海面不断补充能量，风级逐渐加大，由热带低压到热带风暴再到台风，逐渐升级。这次的台风“杜苏芮”曾经从最高级的超强台风降到强台风，可在登陆前又回到了超强台风状态。

从生成原理上解释，台风可谓暖热海水的产物。西太平洋赤道附近海域正好是世界上海温最高的一片区域，被称为“太平洋暖池”。为什么这里的海水温度高？太平洋是世界四大洋之首，面积约占地球表面积的三分之一。从南美洲哥伦比亚海岸到亚洲的马来半岛，太平洋东西跨度约 2 万公里。如此巨大的范围内海水被太阳灼烤，热带海洋已经颇“热”了，加之围绕赤道的北半球和南半球的信风均是从东向西吹，暖水更是向西太平洋汇聚。于是，在西太平洋，一个水面更高、温度更高的“暖池”产生了。

西太平洋巨大的暖池，不惟现在有，古代也存在。在气候更暖的时期，暖池带来的台风或许更剧烈。

台风有多可怕？现代观测手段下，台风是什么级别、可能经过哪里，是非常清楚的，沿海的民众会提前做好准备。不仅渔船要回港，我看到海边的商店都要把广告牌拆下来，门窗加固。厦门吃过 2016 年超强台风“莫兰蒂”的苦，人们想尽一切办法做好防备，有的家庭连玻璃窗都用胶带打上十字，尽量使其牢固——其实并没有什么作用。那些用集装箱堆叠起来的海滨临时商业网点，则在周围焊接上铁架子。整个城市如临大敌，树木被剔去树冠，或者捆扎起来。政府则发出通告，人不出门，车不上路。居民们都躲在家里静等。看到这样的坚壁清野，真的感到我们人类在大自然面前还是太渺小了。

台风眼是没有旋转风的，那里出奇地风平浪静。因为台风在快速旋转中，离心力很大，外面的气流无法进入台风眼中，台风眼中流失的空气只有由高空的气流下降补充。而在下降气流控制下，空气从高空到低空，温度升高，水汽蒸发，天空是晴朗的。

可除了中心的寂静，台风眼墙最高瞬间风速可达 100 米 / 秒，是 17 级以上大风，这次的“杜苏芮”已达 58 米 / 秒。建筑物的玻璃是很难抗得住如此大风速产生的持续压力的。看到过一个资料，2018 年的台风“山竹”——一个强台风级别的台风，一小时释放的能量相当于 2 600 颗广岛原子弹。而这次的“杜苏芮”还要高上一个级别。

台风的旋臂，有几百公里甚至上千公里宽。从卫星云图可以看到，台风外延的旋臂扫过，带动了它外围的空气扑向陆地。本来夏天内陆高温、空气上升，促成了海洋向陆地的季风流动。在台风漩涡的北部，台风甩出去的风与季风叠加，北方的水汽也增加了。

如果台风不在南方登陆，而是北上，当它顶到了太平洋上的副热带高压区域，沿着高压区域移动，台风北部的旋臂就与高压脊之间形成了一个面向大陆的输水槽，如同一支高压水枪射向内陆。饱含水汽的台风云本来就低，撞上我国地形第二级台阶的太行山、秦岭和大巴山，水汽上升而凝结，就形成了地形雨。2021 年 7 月 20 日，河南省这一内陆省份，其郑州、鹤壁、新乡等太行山、伏牛山前的城市遭遇的特大暴雨，即是在这种机制下形成的。大雨瓢泼而下，在郑州，一小时降水量超过了 200 毫米。大雨所到之处，街道变成奔涌的大河，立交桥沉没于水中，村庄庄稼全被浸泡。

即便台风是在南方登陆，阴差阳错之下，也可能给北方带来致命的一击。1975 年 8 月驻马店那次大溃坝，造成极端危害的大雨即源于台风。那次台风也是在福建晋江登陆。通常台风登陆后都会受下垫面的摩擦而减弱甚至消失，可那次遇到了少见的天气系统，台风以罕见的强度越江西、穿湖南，北渡长江直入中原腹地，然后在伏牛山脉与桐柏山脉之间的大弧形地带，也就是马蹄形的山谷区域，受山体顶托，带来连下四五天的暴雨。恰恰那又是一个大修水利、笃信人定胜天的时代，马蹄形的山谷内密布着上百个山区水库，水库抵挡不住暴雨的冲蚀，接连溃坝，酿成了人间惨剧。

全球热带海洋上每年生成台风 80 ～ 100 个，其中约 36% 发生在西北太平洋和南海——这里是全球生成台风最多的海区，平均每年有 7 个台风登陆我国。①

台风只能诞生于 26.5℃左右的热带海洋水体上，这隐含着全球变暖和天气现象之间的一个因果关系。想必，在地球的暖期，海洋上生成的台风数量要更多一些，台风携带的能量也更大。更

① 据台湾地区交通部门网站“飓风百问”的数据：全球每年约有 80 个台风生成，以西北太平洋及南海地区生成的台风最多也最强；1958 年至 2022 年间共有 1 705 个台风在此地区生成，平均每年约 26 个，一半以上发生在 7、8、9 月份，而以 8 月份最多。

多的台风、更剧烈的天气现象，或和古人的生存直接相关。[①]

⊙ 全球变暖与气象灾害

全球变暖之下，为什么气候不能均匀变暖，而是极端性气候越来越多呢？气象学有一个推论，全球气温每上升 1℃，空气就会多吸收 7% 的水汽，气温越高，空气里的水蒸气或水滴就越多，这就加速了水汽的循环，同时也加剧了水循环的强度，也就增加了暴雨暴雪发生的概率。早在 2010 年，世界气象组织就曾表示，由于气候变暖，全球极端天气事件的程度、频率和持久性都发生了变化。

这里面的科学原理，我想一定是非常深厚的，深厚到大家只能用类似蝴蝶理论那样的混沌学的思路来解释。但从微观上，英国雷丁大学的科学家们就发现：1979 年到 2020 年，在北大西洋上空一条典型的繁忙航线上，严重的晴空颠簸增加了 55%。他们进而猜测，高空的湍流增加了，是全球变暖导致了飞机颠簸的增加。

湍流就是那些变幻不定的不规律的空气流动。如果我们放

① 《中国气象报》2022 年 11 月 4 日署名张明禄的文章《全球变暖或致台风强度增强》中总结道："科学界普遍认为，全球变暖会加强台风活动。"其依据是，过去 30 年台风总体上显著增强。研究表明，全球变暖背景下，西北太平洋登陆强台风的频率显著增加，北大西洋飓风也表现为增加趋势；全球热带气旋强度增强、破坏力增大。

大空气流动的尺度，也就是大气环流中异常的空气流动也是增多的。2021年，甘肃白银马拉松重大事故的主要原因就是天气突变，冷风冻雨突袭。与人们通常的认知不同，那天中午反而是白天最冷的时段。

我在西北采访那里发生的暖湿化现象时，就遇到这样的问题。按理说，西北大地干旱寒冷，变暖变湿会更加适宜于庄稼和牧草的生长，对于人类也就变得更为宜居了。整体环境上的确如此，但暖湿过程并不均匀也是肉眼可见的事实。在那里，天气也是忽冷忽热，连绵的雨季可能影响庄稼的成熟，使得从南到北庄稼都晚熟，且几乎同一时间成熟，农机收割不能自南向北逐步收割，以至于机器收割市场产生慌乱。而雨水的不均匀，也经常造成一场暴雨便降下全年雨量的情况，要么旱，要么涝，沙漠上居然出现了洪水。去往敦煌的道路就曾被雨水短暂地冲断。塔克拉玛干沙漠的油田也曾遭洪水袭击，勘探车辆和设备被淹。

2021年世界气象组织发布的报告显示，过去50年与天气有关的灾害暴涨5倍，半个世纪中，平均每天都发生一场与天气、气候或水患有关的灾害，平均每天造成115人死亡以及2.02亿美元的损失。

⊙ 2.7公里的河道还是不够宽

历来以干旱缺水著称的华北地区，却被称为中国的三大雨区之一，这是否有点荒唐？

但这一说法的确来自专业人士。中国科学院大气所的研究员傅慎明在采访中告诉记者，华北地区是我国的三大雨区之一，另外两个雨区是华南地区与长江流域。华北地区的年总降水量比华南地区和长江流域要小，但就降水强度而言，它可以与华南地区比肩。另外，从灾害的角度看，华北的暴雨强度未必超过长江流域，但发生灾害的可能性更大。

为了确证华北地区是三大雨区之一，我又去学习了国家精品课程浙江大学“天气学”慕课。该课程是这样总结华北暴雨的：华北雨季历时短、频数少、强度大、时间集中，与地形密切相关，中国暴雨的许多极值出现在华北地区。华北的降雨还表现出极端的波动性，1959 年北京夏季总降水量为 1 177 毫米，1965 年仅降了 100 多毫米的雨。并且，华北降水的地形雨特征尤其突出，山脉迎风坡降水占到总降水量的 6 成，平原占到 3 成，背风坡降水极少。

2021 年河南“7・20”特大暴雨灾害的前几天，我坐高铁从那里经过。列车飞驰过安阳、鹤壁、新乡等城市，刚经过一座城市，又看到另一座城市的楼群，远远地望到太行山。这些城市都是沿山而建，高高低低的楼宇从山脚延伸到铁路边上。

火车过黄河的时候，速度慢下来了，但相对于我曾经开车过黄河时也几乎是一闪而过。后来，我又开车路过那里——京港澳高速黄河特大桥，我特意看了一下里程表，居然超过十公里长。十公里意味着什么呢？中国最著名的街道要算十里长街了吧？国庆阅兵都是在这十里长街举行的，其实际长度只有约四公里。十公里的长度，

永定河河床

行人步行得走约两个小时了。

这大桥是如此之长，河面的宽度却只占了很小一部分，当然，这并不是最夸张的。我经过北京南部过永定河大桥的时候，看到高速路上的提示牌写着桥长 2.7 公里，也是很震惊的，因为永定河长时间断流，只是最近几年，为了生态美化才从官厅水库放水，保证常年有径流。

后来我就去查黄河两岸大堤间的宽度，黄河最宽的地段就在出山的这一段，从河南孟津到山东东明，黄河都很宽，两岸堤距宽 5 ～ 20 公里。为什么黄河出山要有如此宽的河道？经过了建国初期的大修水利，中国的山区出山口中几乎所有的河流都被水库截断了。水库削峰填谷，调蓄水量，甚至在有些地方上游将水源全部利用，下游自此再无水可用。所以在我们的认知里，河流是不应该太宽的。

可这次大水“矫正”了我的常识，2.7 公里宽的永定河还是不够宽。当太行山下了两天两夜的雨，地表降水平均超过了 300 毫米，永定河的宽度根本不够顺畅泄洪。

⊙ 地形雨

出了山，黄河在我们勤劳的祖先一代代的筑堤和加固中，变成了地上河，对于它两边的水系也埋下了隐患。黄河真是太独特了。世界上的大河大都有着树叶状的流域，整个区域里的降水通过一级级的叶脉汇合到主脉，万源归海。唯有黄河不只像叶片，还带着长长的叶柄——一根长长的输水管，一头从出山的地方伸出来，突兀地摆放在大地上，另一头伸到大海里。这样的水系布局，彻底打乱了黄淮海平原的水系状态，黄河成了大平原上的分水岭，北面的水全汇入海河，南面的水则流入淮河。黄河在大平原上拦上一道，给夏日汛期的大平原上的泄洪带来了麻烦，本来应该帮助导水，却阻断了水流，以至于 2021 年郑州“7・20”洪水，多日宣泄不下去。

黄河高悬于华北平原之上，带给海河的就是更大的集水面积。集水面积大并非一项弊端，可海河的集水都来自西面的太行山、北面的燕山，这两座山又是分水岭，流域纵向没有深度，所有的支流都比较短小，而流域的南北方向却非常宽。一旦区域内有大暴雨，所有的水都从四面八方汇到天津的出海口，就给下游造成了极大的压力。

恰恰，南北走向的太行山巍峨高耸，海拔一两千米，阻挡住来自太平洋上的水汽，这里常年形成地形雨降水，若再赶上蒙古高原上的高气压带阻挡，海洋上的水汽将倾泻于此。

台风给太行山带来的大洪水有史可查，其往往带来极端降雨。据记载，1972 年 7 月底“7203”号台风曾进入京津地区，造成燕山南麓及北京北部地区降下大暴雨，最强的暴雨中心位于燕山南麓的枣树林，3 天台风过程降水量达到 518.3 毫米。1996 年 8 月初，“9608”号台风在河北省中南部地区形成特大暴雨，滹沱河、滏阳河、漳河流域发生洪水，9 座大型水库溢洪，300 多座中小型水库库满溢流，4 个滞洪区被迫启动。

1963 年海河流域的大洪水，也是暴发于太行山山前地带，那次大雨下了 7 天，水量达到 600 亿立方米，冀中、冀南平原及天津市南郊广大地区一片汪洋。中国 20 世纪 60 年代“根治海河”的口号就是那次提出来的。600 亿立方米是个什么概念？只要对比一下黄河全年 500 亿立方米的径流就有直观的认识了。

⊙ 保北京？保天津？保雄安？

这次涿州洪水阻滞，一片泽国，就有人在想，为什么不是北京、天津或者雄安。其实只要了解了北京城平均海拔约 50 米、涿州城区平均海拔约 38 米就会明白。北京在上游，涿州在下游，涿州若分洪，保的是更下游的天津。天津的海拔只有三四米，九河下梢，是整个海河流域最低的地方，1963 年那次大洪水，保天津、保铁路，静海20万人连夜转移，就是为地势更低的天津郊区分流洪水，让水流从天津城外过境。

也正因为那次大洪水，海河流域的民众按照统一规划、综合治理的方针，从上游到下游，从支流到干流，对海河水系进行了全面根治。如今的海河早不是单流入海，而是沿着渤海湾挖通了多条河道，如潮白新河、子牙新河、漳卫新河等。多流入海，天津的压力减轻了不少。

不过，这次暴雨中山洪暴发最猛烈的两条河流——永定河与拒马河，还都汇入海河干流，在天津入海。

海河的支流基本呈放射状，从太行山流出，聚拢着，流向渤海湾。流过了涿州城的拒马河却突然拐弯向南，通过白沟河奔向白洋淀方向，这着实使人不解。但了解了白洋淀的地势也就明白了，那里要比涿州低得多。通常白洋淀水面的海拔也就六七米，安新、雄县县城也不过十米左右，那里是“华北之肾”，地势低洼，是汇水之地，也极易被洪水淹没。

有着较大的落差，且上游洪水频繁，白沟河自古就是多灾害的河流。白沟河上游处于太行山北部暴雨中心区，流域面积大，洪水峰高、量大。洪水出山扩散，平原地区受灾面积广。据《房山区水利志》，1917年千河口最大洪水调查流量为每秒14 600立方米。1963年，上游张坊水文站实测洪水每秒9 920立方米。平时，水流不过个位数。

2023 年 8 月暴雨后的白沟河（新华社图片）

海河水系从西北和西南两个方向向中部汇集，在河北邯郸以东的大名县也是南北流向，向着古代的一片巨大的水域大陆泽汇集。曹操开凿白沟就利用了河流在此地的南北向走势。[①] 大名府，曾经的北宋四大都城之一——那时候称为北京大名府，就是因运河而兴的城市，自然也是低洼之地。《水浒传》里的梁山好汉劫法场的描述里，那里何等繁华富庶，因为华北暴雨和地形的原因，现在沉埋在泥沙里。

⊙ 古代南北大通道

隋唐大运河的终点在涿郡，有一种说法是涿郡的蓟城也就是

① 曹操截住了本来流入黄河的淇河水，使水流流入南北向的黄河故道，后来隋炀帝修建隋唐大运河，利用的便是这一条南北低洼的地势廊道。

今天的北京城。可即便元代的京杭大运河，到了北京地界，从通州到京城有 20 余米的地势落差，需要靠船闸来提升船只，也得找到足够且稳定的水源。水源一直是难题，最终很多时候还是得将漕粮卸货于通州的码头，再用骡马或拉或驮运到京城。而隋代的运河修造，据史料记载，是隋炀帝好大喜功性格的体现，用时极短，而当时的北京城军政地位并未凸显出来，这就使人怀疑运河终点选址蓟城的必要性[①]。

今日出北京向南，沿着太行山麓，无论铁路还是公路，经过的第一座城市都是涿州。这时候我又想起了我国历史地理学先驱侯仁之先生关于古代中国南北大道路的说法。平汉铁路通车之前，在双脚走路的时代、畜力车的时代，古人们都是沿着太行山山麓纵贯中国的。道理很简单，道路再靠西就要绕着山腰走了，山势陡峭难行；道路若靠东则是在大平原上走出一条路，冬天还好通行，夏天洪水泛滥的时候大小河流从山里冲出来，平原上处于漫流状态的河流又宽广又曲折，而修桥造路横跨河流是异常艰难的事情。按侯先生的测算，在山脚和沼泽之间，大约 46 米等高线的那条南北线路，是南北大通道的最佳选择。[②]

我看过金人掳掠北宋最后两位皇帝徽宗和钦宗“北狩”的记载，上万人的队伍沿着太行山山麓向北行，一路上经常下雨，泥泞难走。由于连续几天下雨，宫女们乘坐的牛车被雨水淋透，于

① 北京大运河博物馆里的隋运河地图中，运河终点为涿郡。

② 侯仁之. 北平历史地理. 平装版. 邓辉，申雨平，毛怡，译. 北京：外语教学与研究出版社，2014：26.

涿州永济桥

是一些女子去围在她们外面一圈的金兵营帐中避雨。但事实证明这是个错误的行动，因为避雨的宫女“多䠶跷”[①]。

彼时中国北方还多有沼泽，有这样一条“北狩”记录：“初八日，渡梁鱼涡。此两日如在水中行，妃姬辈虽卧兜子中，驼马背亦湿透重裳。地狱之苦，无加于此。”[②]梁鱼涡大致位于今辽宁省黑山县，是一片直到清末才消失的沼泽湿地。

当然，沿 46 米等高线的道路不是科学计算出来的，而是古人用脚走出来的。这条南北大通道，在北京要跨过永定河，于是有了卢沟桥。在涿州，要跨过的是拒马河。涿州城外有一座永济桥，

① 伊沛霞．宋徽宗．韩华，译．桂林：广西师范大学出版社，2018：559.

② 同① 185.

修造于明万历年间，清乾隆年间又加长，此桥为九孔石拱桥，全长 600 余米。大水中这座有着 450 余年历史的桥梁岿然不动，令人赞叹古人的建造水平。

涿州城的崛起，和南北大通道有着直接的关系。拒马河在这里出山，道路与河流交叉，处于交通节点上。河流出山，沉积出一片冲积扇——一片利于农耕的沃土，但也隐伏着被洪水侵袭的危险。相对于大平原，冲积扇上坡度大，水流湍急，遇到水道拐弯更容易被冲破堤防，也是洪水防御的难点。

⊙ 北京湾

北京的地理位置却不同，北京并不位于南北大通道的中途，而是端点。按理说，即便是端点，位置也以方便为要，最方便人员聚集的是码头或道路与河流的交会点。可永定河太难以驾驭，侯仁之先生就认为，北京城最后没能定址在卢沟桥附近，是河流泛滥的原因。①

当然，北京作为大通道端点的位置，使之有着更多、更从容、更优化的选择。地势稍高的古洪积扇或山前坡地，在防洪水上更

---

① 侯仁之先生在《北京建城记》里认为，永定河的泛滥无常，威胁着一个城市在这里成长。相反，离渡口不远、地势较平坦又不易受到洪水威胁的地方却迅速发展成沟通南北的交通枢纽。从自然地理位置看，现今的广安门外地区正好处于古代永定河洪积扇脊背一侧，这里地势平缓，土壤肥沃，其地又正当潜水溢出带，正适合建城。

具有优势。

同样是太行山脚下，若比较北京、保定和石家庄这三座城市的降水量，你会发现北京年均降水量比保定和石家庄多出了上百毫米。原因就在于北京西依太行、北枕燕山，处于华北平原的“犄角旮旯”，来自两个方向的云雨都会被截留下来。作为对比，位于海滨的天津，因为没有地形雨的加持，降水还稍逊于北京。

北京城最早的城址，既得水之利，也避水之害。后来元代刘秉忠象天法地规划北京城，城址选在白云观附近的高仰之地上。北京城的地势，远较城郊为高，因之排水通畅。城中三海，水流引自山区泉流，而非大江大河，也就避开了夏日可能出现的洪水侵袭。

然而，为了给大运河船闸的频繁开启寻找水源，元代郭守敬也曾打过永定河的主意，想引入永定河河水。永定河水流量大，水源有保障，看似是理想的水源源头。他重开了金口河，以引永定河的水入大都。金口河乃是金朝开凿的一条运河，“自燕京之西麻峪村，分引卢沟一支东流，穿西山而出，是谓金口”（《元史》卷一百六十四）。金口河经过大都至通州入白河，看似是漕运的理想河流。为了规避永定河地势高、汛期水急的隐患，郭守敬在金口河上游预开了一条又宽又深的减水河，削减洪峰。可还是因为“土势高峻，水性浑浊”，“其势汹涌，冲没民舍，船不能行”，河水的落差、泥沙、洪水等问题无法克服，很快就废掉了。

今天北京三海乃至护城河的水系已经与永定河相连了，这是在现代工程技术的加持下才能实现的，古代的土木工程万万不能。故而，选择城址要用尽地利。凭借着地利上的优势，北京的洪灾一般出现在山区或地势低洼的郊区，至于城区，是无洪水之虞的。

那么，为什么人口规模规划为300万至500万人的雄安新区会选址在“华北之肾”白洋淀一带呢？

提到城市选址，中国最早也最有指导意义的观点出自战国时期的管仲。在《管子·乘马》中，他提道：“凡立国都，非于大山之下，必于广川之上。高毋近旱，而水用足；下毋近水，而沟防省。因天材，就地利。故城郭不必中规矩，道路不必中准绳。”大意是说，凡营建都城，不依山便傍水，高低须适宜，高不能至于缺水，低不能至于排水困难，要充分依托现有的自然条件，因地制宜，因势利导，城池不必方正规整，道路不必整齐笔直。

⊙ 以古鉴今

全球变暖，2023年成为有记录以来最热的一年：7月被确认为有记录以来全球平均气温最高的月份，气温比1815年至1900年的平均温度高出约1.5℃；9月又是1940年以来“最反常的温暖月份”，该月的全球平均气温比工业化前9月平均气温高1.75℃；全年气温则距《巴黎协定》努力将气温升幅限制在工业化前水平以上1.5℃之内的“警戒线”近在咫尺。2024年1月，据欧盟气候监测机构哥白尼气候变化服务局统计，是全球有记录以来最热的1月。值得注意的是，全球变暖并非均匀变暖，而是在变暖的大趋势下，局部地区大冷或大热，气候更为极端化，更多气候灾害发生。

而古代也曾有过气候变暖的时期，仅历史时期就有东周到西汉长达 700 余年的温暖期、唐宋温暖期等；也曾有过寒冷期，如明清小冰期。历史时期之前的考古时期、第四纪更是冰期和间冰期交替着。

如今，气候变暖的一系列连锁反应把地球搅动得乱象频繁。“以古鉴今可以知兴替”，天气是否也是如此？古代的天气变动是否比现在剧烈？古代暖期时风雷雨雪又是什么情况，对古人的生存和生活有着怎样的影响？作为一位自然地理专业的毕业生，我被回望历史以预知未来的想法吸引着，把目光投向更远古的时代——那些比现在更热的时期，以及比现在更冷的情形。

第二章

气候轮回

一个人的生命是有限的，我们往往从自己几十年的生活经验出发来做判断。可地球的生命却以另外一个尺度在运行着，在考验着我们人类的生存能力。

原始人是以零散分布来对抗天气变化的，种群延续下来即是进化意义上的胜利。今天全球人口数量已经超过了 80 亿，遍布地球上的各个角落，我们以数以亿计的群体面对海啸、热穹顶、台风、寒潮、海面上升等极端情况。在这一尺度上，人类又面临着全新的挑战。

⊙ 华北干旱

2017 年，中国工程院主席团名誉主席徐匡迪解释雄安设城时，提到 20 世纪 60 年代太行山发过的大洪水，因为那次洪水，政府出了一道禁令，“这个地方”不许搞永久建设设施。所以，这里主要是农田，也正因为此，涉及的拆迁问题非常少，成了雄安设城的一大优势。

那么为何雄安新区不怕洪水？徐匡迪解释说：“现在的问题不是洪水，而是干旱，白洋淀上游 9 条河全都鹅卵石见天了！因为在河北省城镇化过程中，保定、正定、石家庄、邢台、邯郸等城市都是沿太行山而建，为解决城市供水问题，就要在太行山上建水库，这既为了防洪，也为了城市用水。但这也造成白洋淀上游河流基本断流，60 年代大洪水以后这个地方没有再发过洪水。”[①]

徐匡迪的论断得到了华北气象研究的佐证。中国科学院地理所的研究证明，1949 年以后，尤其是 1976 年以来，降水在减少，并预测未来还将持续减少。

中国科学院陆地水循环及地表过程重点实验室基于华北五省（市）64 个基本气象站的 1961—2009 年降水资料得出的结论是，

① 徐匡迪详解雄安新区规划.（2017-06-07）. https://m.thepaper.cn/kuaibao_detail.jsp?contid=1702581&from=kuaibao.

华北地区 1951—2009 年多年平均降水为 647.9 毫米（近 59 年减少了 26.8 毫米），另外，年降水大致以 1976 年为多雨期与少雨期的分界线，年降水平均每 10 年减少 1. 3%。按此趋势，该实验室粗略估计，21 世纪 50 年代降水将减少 40 毫米。该实验室还发现了另一个规律，降水的“年代际距平百分率由 1950 年代的 5.9% 减至2000年代间的 –0.6%”[①]，非但降水减少了，年度间的差距也缩小了。

中国气象局的数据显示，2021 年中国北方平均降水量达 697.9 毫米，较常年偏多 40.6%，为历史第二多，仅次于 1964 年。京津冀晋豫陕等 6 省（市）降水量均达 1961 年以来历史最大。21 世纪 20 年代的华北，7 月下旬至 8 月上旬期间——也就是传统主汛期——降水量突破历史极值的站点数大幅增加，极端天气多发频发态势愈加明显。2021 年和 2022 年华北雨季持续时间分别为 59 天和 50 天，均显著超过常年平均的 29.6 天。类似的转变可以以中西部气候的逆转为参照。

我国西部、中部气候自 19 世纪小冰期结束至 20 世纪 80 年代，大概 100 年的时间里基本处于向暖干化发展过程中。暖干化在气候和生态上的表现是气温上升、降水偏少、河川径流减少、湖泊萎缩、生态环境恶化。

据中国科学院寒区旱区环境与工程研究所（以下简称寒旱所）

① 张一驰，吴凯，于静洁，等. 华北地区 1951—2009 年气温、降水变化特征. 自然资源学报，2011，26（11）：1938.

施雅风院士和他领导的课题小组的观察与研究，20 世纪 80 年代西北降水就增多了。确切地说，在 1987 年暖干化的趋势便迎来了拐点，暖湿化开始了，降水增加，冰川融化，植被以超乎想象的速度在恢复着。①

⊙ 暖湿化

2021 年，我到西北地区采访暖湿化现象，缘于一系列有关那里天气变化的消息：曾经的敦煌最大湖泊哈拉诺尔湖，干涸了 50 余年后又碧波重现；我国最大的内流河塔里木河开春就早早地涌入了流水，那一年下游来水比前一年早了将近两个月；我国最大的内陆湖青海湖水位 15 年中升高 2.85 米，水面增加 319 平方千米，相当于约 7 个喀纳斯湖，物种也更丰富了，仅鸟类 30 年中便增加了 36 种。好消息接踵而至，但暖湿化也带来了多变的天气。那年 5 月份，在甘肃白银举办的越野赛就因为一场暴雨损失了 20 余条生命。

那年 7 月份，我在大西北山川原野行走，了解到兰州这个建在黄河上，亦即跨黄河并塞满了黄河葫芦状河谷的城市，又恢复了夏天傍晚飘雨的传统，原因是水汽重了，处于山谷中的兰州山谷风作用又明显了。青海西宁，一个建在浅山河谷中的城市，又

① 施雅风．中国西北气候由暖干向暖湿转型问题评估．北京：气象出版社，2003：1–3．

处于青藏高原的门户位置，近年来暖湿化尤其显著，山谷全披上了绿装，即使在多风的山顶也种植了小灌木。在西安，城墙上长出了绿苔，曾经倾斜了的大雁塔也因地下水位的回升以及工程干预而被“扶正”。

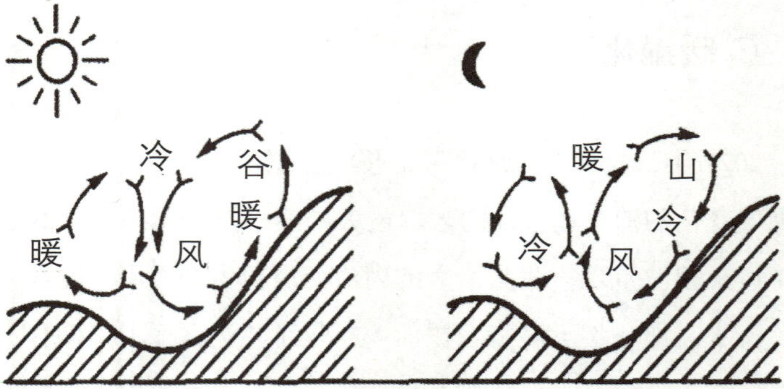

山谷风示意图

至于西北暖湿化的原因，一种解释是全球变暖，西北高山上的冰川正以前所未有的速度消融，大气湿度增加，促生更多雨雪，等于由暖而湿。而湿与暖是物理学里一对基本的相关变量，暖则粒子活跃，水汽加速蒸发，大气运动变快，湿与暖相伴而生。

地球是一个巨大的天气系统，地球天气变化最原初的动力来自太阳辐射。地表受热不均，大气热胀冷缩，受热最多的赤道面上的大气蒸腾作用最为强烈。空气向上遇冷凝结，这里几乎天天下雨，形成了热带雨林湿热多雨的气候。升空后的空气向赤道两边分流，在南北纬 30 度附近降落下来。当空气下降的时候，它的温度会升高，储水能力增强，在下降气流控制下空气干燥高温，于是形成了副热带高压带控制下的地貌和植被，如撒哈拉、中东的广袤沙漠以及澳大利亚内陆的大片荒漠。

虽然我们看不到，但海洋上空也有副热带高压带驻留，这里低层暖湿而不稳定，但中层经常存在一个下沉逆温层，阻止了低层对流的发展和水汽向上输送。逆温层以上比较干燥，晴空万里。并且，在广阔的太平洋水域上空，西太平洋副热带高压带近年来又有北移的趋势。而影响我国的台风也多生成在它的边缘，或者被它顶托住，不得不在我国沿海登陆。过去我们经常看到台风在海南和广东登陆的消息，最近却多是在福建和浙江登陆，就是这个原因。

台风靠近北方，也就给北方带来了更多的雨水。

⊙ 全球变暖

这一切变化都可直接或间接地追溯到全球变暖。

台风的形成，有一个硬性的条件是洋面温度高于或等于26.5℃。依据《中国气候变化蓝皮书（2021）》的数据，全球海洋热含量呈显著增加趋势，且20世纪90年代后海洋加速变暖。近30年海洋增加的热量是此前30年的5倍多。2020年，全球海洋热含量为有现代海洋观测以来的最高值。

1958年至2018年，全球海洋平均海表温度升高了0.54℃左右，中国近海区域海表平均温度上升幅度还高于全球平均值。无疑，2018年后全球温度还在上升。2022年，地球平均温度比工业革命前高约1.15℃，这还是在澳大利亚山火肆虐和南太平洋上汤加火山喷发后，灰尘遮蔽了太阳辐射，接连三年“拉尼娜”，升温相当“克制”的结果。

2002年，我在美国的一所大学读研究生，论文题目是“沙漠植物对二氧化碳的固定作用”。整整一个夏天，我都要到位于美墨边境的齐瓦瓦沙漠里，沿着土壤剖面自上而下采集土样，分离里面的草根、树根等有机质，拿到实验室里用坩埚烧出二氧化碳，精确地计算出通过植物的光合作用和生长而固定的空气中的二氧化碳。夏天沙漠里阳光灼热，根本没办法作业，我们先用大铲车在土地里挖了深沟，再在沟里干活，即便如此也要很早出发，趁着早晨阳光还没有直射进土沟里取完土样。

植物的碳汇是大自然的生态系统中二氧化碳循环的重要环节。地球经过了亿万年的演变过程，最初的大气里包含着大量的二氧化碳，它们与水和阳离子反应形成了碳酸盐。这是碳循环的开始。地球诞生了生物后，这些碳被植物通过光合作用固定下来，乃至储存到煤炭里，或者在食物链里转移到动物的身体里，再在特殊的机缘下变成石油，储存下来，从而形成了碳的掩埋。

地球的碳循环图景还有更复杂也更隐秘的方式。在齐瓦瓦沙漠的土壤层里，地下一米多深的地方有着一个异常厚实且坚固的白色碳酸钙层。而碳酸钙的成分，如同地球上俯拾皆是的石灰岩，在地球形成之初却是不存在的，当熔融的“火”球冷却，二氧化碳和金属离子就会在水的帮助下形成碳酸盐。不过，今日之石灰岩很大一部分是远古生物的产物，是贝壳类生物、藻类植物以及动物骨骼在漫长的历史年代中沉积下来的。它们被水融化，渗入土壤中，在半干旱地带却无法被水带向更远的地方，于是沉积在土壤深处。这是碳循环的一种周期更长的链条。

可以说，如果地球没有生命存在，就不可能有碳的循环，也不会有曾经的煤炭、石油的大规模埋藏。而人类工业革命后的大规模开采利用，把旧有的“窖藏”一下子全拿出来短时间挥霍掉，打破了碳循环上的平衡，带来了气候变化上的一系列问题。

作为对比的是，月球上没有碳酸盐，而人类在探索火星的过程中却发现过碳酸盐矿物，这一度是探索火星的重要发现。水加二氧化碳，与钙、铁或镁等混合起来，就会形成碳酸盐。碳酸盐会在酸中快速溶解，这于是提醒了科学家，火星可能曾经有过一个非常温和的良性环境，足以孕育早期的生命。

2015 年联合国关于气候变化的《巴黎协定》制定的人类控制气温升幅的目标是 1.5℃以内，预计会在 2040 年到来。而到了 2023 年，全球气温纪录便被频频打破。美国国家海洋和大气管理局（NOAA）称，7 月 4 日测得的全球平均气温为 17.18℃，7 月 3 日为 17.01℃。这意味着，此前全球平均气温在 2022 年 7 月 24 日创下的 16.92℃的纪录连续两天被打破。尽管个别天数的温度还不能作为年均温度，有着普遍的参照意义，但温度的急剧上升已经足够给人警示了。

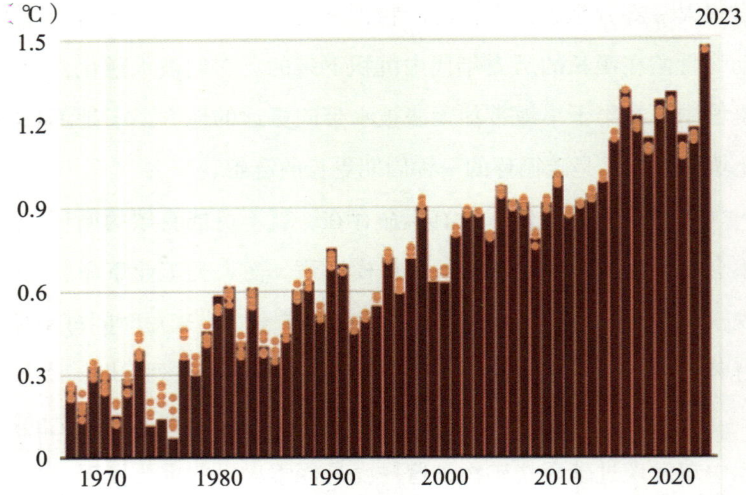

全球年平均气温变化

资料来源：哥白尼气候变化服务局（Copernicus Climate Change Service）。

⊙古代的温度

地球升温还未达到工业革命前平均温度之上 1.5 ℃的警戒线，我们的生活已经被搅扰得天翻地覆了。

在遥远的古代，在人类将要或刚刚进入文明状态的数千年前，气候和水文又是如何影响着他们迈向文明的进程的呢？前文简略描述了现代的气候和人类生活，“醉翁之意”是要借今喻古，再以古鉴今，相互照应以全盘思考气候变化的影响。

20 世纪 70 年代，中国气候学的奠基人竺可桢发表《中国近五千年来气候变迁的初步研究》[1]，通过考古资料和历史文献重建了气候史。重建历史时期和史前时期气候，所借助的方法是不一样的，竺可桢将5 000年分为四个时期——考古时期、物候时期、方志时期和仪器观测时期，即有文字的时候用文字记录推断，没有文字用考古资料。张德二等气象学家编纂了四卷本《中国三千年气象记录总集》，计880万字，收录了甲骨文以来重要文献中关于洪水、干旱、雨、雪等天气事件的时间、地点记录，同时各种气象灾害以及人们的应对措施也有从粗略到详尽的记录。这套书第一册的时间跨度为从甲骨文时代的商朝到宋朝，第二册为元明，第三册和第四册全是清代方志记录。人类越为晚近，留下的文字就越多，气象记录也跃然纸上。

考古时期的龙山文化遗址灰坑里发现过竹节，而现在的山东地区是不生长野生的竹子的。竺可桢提及的竹节发现于山东历城的龙山文化遗迹，那里位于山东山地丘陵的北缘，属于阳坡环境。

通过仰韶和安阳殷墟考古发掘出的动物骨骼、甲骨文里的卜辞，竺可桢推断殷商时期安阳种稻要比现在早大约一个月。北方还曾发现过竹鼠化石，竹鼠现在却是生活在亚热带的动物，以竹根为食物，这也旁证了那时候黄河流域气候与现代的长江中下游近似。竺可桢推测，那时候的气温要比现在高2℃。而北方今日与古代的温差，主要表现在冬天，过去北方的冬天比现在暖和得多，气温高出3～5℃。

---

① 竺可桢. 中国近五千年来气候变迁的初步研究. 中国科学，1973（2）：168.

这里有必要说明一下季风环境和太阳入射角变化下夏天和冬天的气温在南北方的差异。夏天太阳直射北半球，南北方接受的太阳能量差异不是很大，在来自海洋的季风的吹拂之下，北方与南方同样升温，故而南北方夏天气温的差异并不大。而到了冬天，太阳直射南半球，朔风自西伯利亚劲吹，北方成了冰天雪地，南北方气温差异要显著得多。套用木桶理论，水总是从最短的那块板子漏出，动植物的生存也是如此，故而冬日的气温才是决定生存的关键因素。

在殷墟遗址，沿着长长的甲骨文展示长廊，我也获得了一次美好的远古气候体验。甲骨占卜是商王的特权，当一个人统御并凌驾于世界之上的时候，你能感觉到他的空虚，以及他对另一个未知世界和神灵的迷恋。商王会占卜问打猎是否会有收获，结果打到了鹿、獐子等各种动物，有一次还打到了大象。商王还占卜问种田种什么，是稻子还是黍子，说明这里有旱地也有水田。殷墟的东西南北似乎都是大森林，商王会占卜问去哪个方向捕猎会有收获。甲骨文里还出现了商王去各地巡视的记录，甚至有商王渡过黄河的记录。

而《中国三千年气象记录总集》也记录了很多关于大雨、暴雨乃至洪水的占卜，人们盼望雨水滋润庄稼，也担心暴雨为害。

在山西博物院，我看到了一件被命名为“龙形觥”的青铜器，这是一件器型独特、纹饰奇绝的青铜器，宛如一艘停泊在水中的龙舟。直观看去，这件器物也像一条昂首的鳄鱼，考古学家在器身的两侧发现饰有鼍纹和夔龙纹。青铜器上饰以鼍的形象极为罕见，鼍即扬子鳄，如今分布在长江下游地区，而这件文物发现于山西省石楼县，它是山西西部吕梁山区黄河岸边的一个县。这不禁令人联想：3 000 多年前的山西西部黄河沿岸，气候温暖湿润，沼泽遍地，有鳄鱼繁衍生息。商人也有着用之不竭的亚热带动植物资源。

龙形觥

物候时代，看气候看的是降霜下雪，河开河冻，树木抽芽发叶、开花结果，候鸟春来秋往。竺可桢注意到，3 000 年前，也就是商周鼎革之际，位于山东临沂附近的一个小国郯国，将家燕在春分时节来到作为农耕开始的先兆。而据今人的观察，春分时节家燕刚好来到上海，距离它们北上山东还有近千公里的路程。

周朝的气候，虽然最初温暖，但不久就转冷。竺可桢用了“恶化”这样有好恶倾向的词语形容气候变冷，可见气温变化也有主观性。处于低温期的 20 世纪 70 年代人们希望天气暖和起来，时隔 50 余年后我们却盼望着天气变暖的步伐停下来，以减少极端气候对人类生活的影响。《竹书纪年》上记载西周初年汉水有两次结冰，分别发生于公元前903年和公元前897年，其中一次记载是“冬，大雨雹，牛马死，江汉俱冻”，连长江都结冰了。冷与旱似乎有着某种因果关系，也许是寒冷减少了水分的蒸发，降水也会减少。

周初气候恶化，春秋时期又变暖，直至西汉，这是一个长达700余年的大暖期。东汉复又变冷，东西晋、南北朝又是一个长时间的寒冷期，唐宋再度进入暖期。寒冷与温暖，几百年一个周期地变动着。

可自从新石器时代仰韶文化所处的大暖期以后，气候大的趋势似乎是变冷。梅花是一种典型的指示植物，过去普遍见于黄河流域，《诗经》里多次提及，但唐朝以后北方地区梅花的分布不断萎缩和衰落。南北朝时，南朝曾在南京覆舟山建立冰房，这是一个让现代人听起来感觉匪夷所思的事件。南京地处长江三角洲，属于暖温带气候，冬天一般不结冰，即便夜间温度降到零度以下，白天升温后冰也会融化。南京周边地势虽有起伏，但多为不足百米高的丘陵，最高的紫金山400余米高。南京建冰房，冰从何来？也唯有用那个时期处于寒冷期来解释。

唐朝是个温暖的时期，唐玄宗李隆基有个妃子居住的院落栽满梅花，被称为梅妃。西安南郊的曲江池也栽有梅花，元稹写诗吟咏“梅杏春尚小，芰荷秋已衰”（《和乐天秋题曲江》）。那个时期，长安还种植有柑橘，杜甫写有《病橘》诗：“群橘少生意，虽多亦奚为。惜哉结实小，酸涩如棠梨。”似乎长安生长的橘子并不甘甜。不过，过滤掉诗人的主观色彩，《酉阳杂俎》里提到，天宝十载（公元 751 年）秋，宫内有几株柑橘树结实一百五十颗，味道与江南、蜀道进贡的柑橘一样。

现在，无论橘树还是梅花，都不大见于关中了。但我在山西长治一个比关中地势高、纬度也高的高且冷的农贸市场，居然看到了卖梅花的，老汉还告诉我可以种植在室外。是否通过选育梅花更为耐寒了，也未可知。

当财富集中到少数人手中后，植物的种植也受到影响，那些观赏植物的北界可能被人为地扩展了。比如，北宋的开封和清代的北京都有过种植荔枝的记录。北宋时期，开封的宫苑里种植有枇杷、柑橘、茉莉和梅花。为了博取皇帝和后妃的欢心，经办的官员还会精心计算着荔枝的结实期，用大花盆盛装着荔枝树，船运到京城，这比唐明皇的“一骑红尘妃子笑”要更为高明，耗费的民脂民膏当然也更多。故而判断植物的分布，还需按照植物的自然分布，而非可能被暖房保护的观赏植物的栽培记录。

通过文字记载来推断气候状况，似乎也隐含着断章取义的风险，天气每时每刻都在发生着变化，旱涝也经常发生。即使如 2023 年这样的暖年，地球的局部区域也可能有极端性寒冷，该年 7 月份是工业革命以来最热的月份，气温比 1815 年至 1900 年的平均气温高出约 1.5℃；9 月份又是 1940 年以来“最反常的温暖月份”，这个月的全球平均气温比工业化前 9 月份平均气温高出 1.75℃。往年北京 11 月中旬开始落叶，当年 12 月初，还有树叶留在树梢。可 12 月中旬寒冷突至，北京极端低温陡然跌落到了 –16℃。在新疆，出现了更为极端的情况，低温达到

了 –45.1℃！这意味着，新疆的某个地方气温比北极地区都低。

但不会跑路的植物，其对气候的指示作用还是颇为准确的。唐以后天气转冷，于是有了苏轼咏杏花诗里对梅花消失的感叹："关中幸无梅，汝强充鼎和。"

我对气候的观察，有一个切入点是雪山。我们所处的200余万年以来的地质时代是第四纪——一个冰川时期，冰川的进与退是展示环境冷暖的最好的表征了。唐代诗人频繁吟咏太白山上恒年不化的积雪，现在那里唯有冰川地貌，却再无积雪常年不消，似乎意味着现在更热，也可能是更干燥。竺可桢注意到，1221年，丘处机从山东出发去中亚见成吉思汗，曾路过新疆的赛里木湖，在他的叙述里，湖的周围有山环抱，山上盖雪，倒映湖中，但是现在那些山峰上已经没有积雪了，由此得出的结论是元代是个寒冷期。①

⊙ 石笋里的秘密

即使是30年前，地理学的研究也还有相当一部分是经验性的、直观的。研究者到野外采集植物标本，植被上设置样方统计植物种类和数量，还要带着工程铁锹，在土地上挖坑观察土壤分层、颜色和厚度，感性观察常多于定量化分析。论文报告里虽然需要用定量化的数据说话，但地理学毕竟是一种以描述为主的学

① 竺可桢．中国近五千年来气候变迁的初步研究．中国科学，1973（2）：178.

问。可是，2021 年我走进中国科学院西北生态环境资源研究院时，这里的研究方法已经彻底“鸟枪换炮”了。

表征气候的特征，一个重要方面就是水的蒸发和凝结循环。气候暖湿，水蒸发凝结的循环就会增多，蒸汽中的水分子被带到大陆，以各种形式沉积在植物里，或者是山洞的石笋里。于是这里水的同位素（同位素是指具有相同质子数但中子数不同的同一元素的不同原子）就偏高，反之则偏低。如此这般，氢氧同位素的组成变化，就能作为判断古代气候的证据。

碳同位素同样是古代气候环境的一个表征。冰期的时候，北半球被冰雪覆盖，热带地区干旱，森林面积锐减，大量的二氧化碳转移到空气中，通过水和大气的交换而直接影响到海水的碳同位素的组成。植物中的碳同位素变化也主要受到温度、湿度及云量的影响。

西北生态环境资源研究院前几年出了一个比较重要的关于古代气候的成果，杨保研究员和他的团队通过对青藏高原东北部德令哈地区的 53 棵祁连圆柏的树轮同位素的测定，重建了过去 6 700 年亚洲夏季风降水的变化。他们发现，大趋势上这 6 700 年降水一直是减少的。但在下降的趋势中有所反复，公元前 2000 年后存在一个气候湿润且稳定的时期，这正好是仰韶文化的扩张期。①

西北生态研究院的对面是兰州大学，这里的地理学家们通过对洞穴里面石笋的同位素的研究，甚至发现了朝代兴亡的秘密。

---

① YANG B，QIN CH，BRÄUNING A，et al. Long-term decrease in Asian monsoon rainfall and abrupt climate change events over the past 6700 years. Proceedings of the National Academy of Science，2021（7）.

科学家们发现，在唐朝最后60年和五代十国前30年、元朝后期和明朝初期，以及明朝的最后几十年，亚洲季风降水极其缺乏，气候极端干旱，而北宋的前60年亚洲季风增强。[①]

气候与经济、气候与社会变动的联系就这样建立起来。科学家们还发现，在20世纪晚期，亚洲季风区自然气候降水发生了异常，呈现出了温度持续升高、季风降水逐渐减少的趋势。整体而言，过去5 000年以来，我国北方地区的气候呈不断变冷、变干的大趋势。

⊙ 全新世大暖期

我们所处的地质时代是全新世，是人类改造了地球环境的一个时期，但人类的能力也是渐进成长，最初的改造能力是微乎其微的。

全新世虽是温暖期，却仍处于第四纪冰期中。提起第四纪，我们的印象通常是冰天雪地的200多万年，可其实第四纪并不是一概地寒冷，而是冷热交替。第四纪之所以被称为冰川期，是因为这个时期间隔上一段时间冰雪就会前进，覆盖大面积的地表，隔一段时间又会退却，如此往复。

地球是如何从蓝色星球进入冰雪覆盖的白色星球的，至今都是一个谜。以更长的时间尺度来看，这似乎又是不可避免的。在地质史的几十亿年中，全球至少出现过三次大冰期，第四纪冰期

① ZHANG P ZH，CHENG H，EDWARDS R L，et al. A test of climate，sun，and culture relationships from an 1810-year Chinese cave record. Science，2008（11），Vol 322，Issue 5903：940-942.

是最近的一次。好在地球发展史上有冰期的时间只占整个地球历史时期的 10% 左右，而绝大部分时间处于温暖期。至于为什么温暖的地球突然就冰冻了，扑朔迷离，解释也是千奇百怪。最近的第四纪，一种被广泛认可的解释是北美和南美大陆相互靠近，火山活跃，中美洲的陆地从海水下面升起，阻断了太平洋和大西洋间海水在热带海域的流动，全球形成了新的洋流系统。

第四纪这 200 多万年又划分为两个世，全新世之前被称为更新世，更新世内冰期和间冰期也是相互间隔着，出现了四次轮回，冰川前进最猛烈的一次大约发生在 5 万年前，到 1 万年前停止。每当出现间冰期，全世界的气候就变暖，比现在还要暖和得多。即使在最后这次冰川推进的高峰期，也有过若干次停止前进、发生融化的过程。

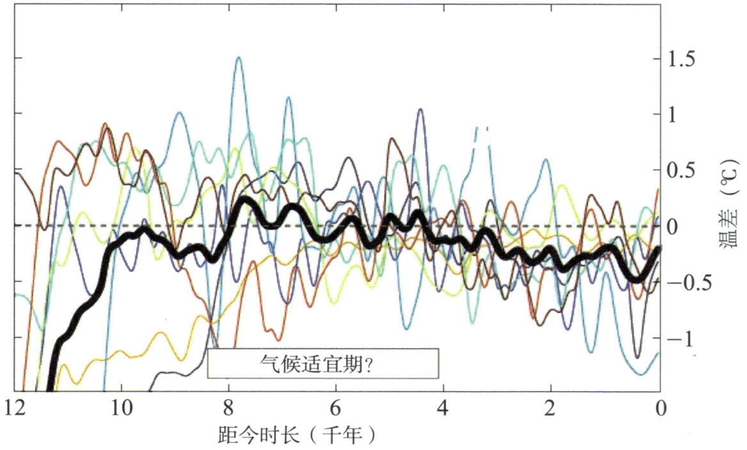

多种方式推测出的全新世气温变化

在距今1.29万年至1.16万年时，原本正处于变暖期的地球变暖进程突然中断，并出现全球性的快速气温下降，整个事件持续约1 200年，全球平均气温在该事件中下降6℃。这次事件是借由寒冷气候的标志植物仙女木的花粉来揭示的，故而称为新仙女木事件，它是第四纪冰期的最后一次寒冷事件。此后，地球便进入了冰后期。这一时期温度高，各大洲都比冰期暖和得多，人类在此期间先是步入了农耕时代，进而又发展出现代文明。

但在这11 000余年里，其实有一个重要的时间节点。日本科学家田家康在《气候文明史》中指出，自新仙女木事件后，海平面已经上升了50米，与第四纪冰期最寒冷的时期相比，则上升了120米。在日本，距今1万年到5 000年海平面上升了35米，对马海峡完全被淹没，开始有暖流流入日本海。而造成距今1万年到5 000年间全球海平面大涨的原因，是北半球冰盖的融化。

田家康还提到，这5 000年间，丹麦外海——北海的海平面以每年4.6厘米的速度在上升着。这给我一个提示，冰川的融化是一个漫长的过程，并不像我们如今面对全球变暖时经常提及的，冰川或许会在20年或30年内全部融化等耸人听闻。当然，北半球的几大冰盖并非高山上的冰川，而是有着极大的厚度，融化的过程或有所不同，要分别研究。

另据学界对全新世气候的共识，冰后期海平面迅速上升，到距今11 000年上升到–60米位置。距今6 000年海平面已接近现今位置，其后仅有轻微的变化。

稳定的气候和海平面条件，对人类进入文明社会或是一个非常重要的条件。人类最早的文明苏美尔文明出现在6 000多年前，正赶上冰川融化的尾巴，幼发拉底河和底格里斯河均发源于土耳其安纳托利亚的山区。安纳托利亚高原东部和南部多海拔较高的山脉，蕴藏着丰富的冰川，这些山脉上的积雪终年不化。彼时安纳托利亚高原冰川或正处于加速融化的状态，为下游的两河平原提供了丰富的水源，如今则只是涓涓细流了。但也可能并非如此，在全新世气候变化中距今 8 200 年前，地球年平均气温突然下降了 2℃，构成了全新世最激烈的一次降温事件。这次降温导致欧洲森林线下降了约 200 米，北非变得更加干燥，东非经历了 5 个世纪的干旱。

据研究，全新世整体暖化过程中的这次逆流，是由处于融化最后阶段的劳伦冰盖引起的。劳伦冰盖是第四纪最大的冰盖之一，冰盖面积达 1 380 万平方千米，它的范围最南到达北纬 36°，东边和格陵兰冰盖连接，加拿大的绝大部分地区和美国北部都埋在冰盖下。全新世升温，冰盖逐渐融化，到了融化的最后阶段，冰上的湖泊突然崩溃，大量低盐度的融水流入北大西洋，破坏了温盐环流并导致北半球短期变冷。

所谓温盐环流，是指极地海水冷而且盐度高，沉入海底，向赤道流动，形成了全球温度的调配机制。当北美冰盖崩溃，大量淡水涌入海洋，改变了高纬度海洋盐度，把赤道附近的热量带到两极的温盐环流被干扰并断流。以此推测，大陆冰盖在新仙女木事件后约 3 000 年就该融化得差不多了。

关于新仙女木事件时地球的急剧降温，有猜测称是因为小行星撞击地球引发了气候变化，也有人重述了温盐环流被改变的论断。美国哥伦比亚大学教授华莱士·史密斯·布勒克（Wallace Smith

Broecker）则认为是北美冰河融化，淡水流入墨西哥湾，进而改变了海洋盐度，温盐环流因之改变，全球性急剧降温随之发生。

地球在 6 000 年前处于暖湿期却是无可争议的。暖湿带来降雨，植物繁盛，生机勃发。彼时中国的黄河中游仰韶文化大爆发，沿着河谷村庄林立，而两河流域苏美尔人率先发明了灌溉农业，迈入了文明。

全新世之所以孕育出人类文明，气候变化可能是原因之一。

⊙ 当冰雪融化带来大半的水资源

地球的表面积为 5.1 亿平方千米，其中海洋占 71%，地球上海洋总面积为 3.6 亿平方千米。海面上升 50 米，意味着增加了 0.18 亿立方千米的海水。当然这只是一个粗略的计算，海岸附近的海水还没有 50 米深。如此巨大的水体由固体的冰融化为水，从陆地流到海洋，由淡水转为咸水，一定会给全球的地貌、气象带来显著的影响。

我们不妨把这 0.18 亿立方千米的海水，分解到 6 000 年内，看看每年海洋增加了多少水。3 万亿立方米！这就十分惊人了，因为长江每年注入大海的水量约 1 万亿立方米，地球上所有江河注入海洋的水量，一年约 25 万亿立方米。表面看，冰盖和冰川融水在地表径流里约占 12%，并不多。可是，冰川多处于高原和北方，那里本来径流量就小。而地球上的河流径流量，一大半出现在热带，一条亚马逊河的年径流量就达到 7 万亿立方米。这或许意味着，在干旱和高纬度地区，也就是人类进入农耕地带时定居的半干旱地区，来自高山上的雪水可能比现在多了一倍甚至更多，而充足的水源对先民的农耕和聚落化生活是至关重要的。①

1 克冰融化为水，吸收的热量是 334 焦耳，而 1 克水温度升高 1℃，吸收的热量是 4.2 焦耳，冰融化为水所吸收的热量足以使同质量的水升温 80℃了。南美的一只蝴蝶振动翅膀都可能引起北半球的一场海啸，冰川融化这样的大事件，是应该被放在人类文明进程中予以考虑的。冰冻释放热量，融化吸收能量，冰雪形成与融化也是地球温度平衡的一种机制。贯穿于全新世前半期的融雪，给气候带来平衡的力量，也是影响人类文明进程的重要的环境因子。

不妨关注一下，近几十年来因为全球升温，青藏高原这座中国水塔冰川的变化。据《中国气象报》的报道，从 1961 年至 2020 年，青藏高原年平均气温每十年上升 0.35℃，超过全球同期增温速率的两倍，这是我国升温速率最快的区域。与变暖相伴的是降水量的增加，平均每十年增加 7.9 毫米。同时，在过去 50 年，“亚洲水塔”冰川加速退缩，储量减少了 20% 左右，面积由 5.3 万平方千米缩减为 4.5 万平方千米。

而根据施雅风院士团队的研究，在两万年前末次盛冰期，当时中国冰川面积达到 50 万平方千米，雪线比现在低 300 米到 1 000 米。

---

① 据维基百科，地球陆地年平均降水量是 715 毫米，我国干旱区降雨通常少于 200 毫米。

第三章

大滑梯

向西北一路前行，越来越高、越来越冷、越来越干旱，地理环境由温带森林向温带草原过渡，而地势上也如同一个巨大的滑梯，给空气、水汽、动物乃至人类留出一条通道。

⊙八达岭下“关”沟

从北京自驾去西北，最常走的一条路线是在居庸关入山，翻越八达岭长城，再沿桑干河谷向西北行。到居庸关后开始沿着关沟上山，这里也是京张铁路行经的线路。当时为了便于火车爬坡，铁路工程师詹天佑创造性地采用“之”字形的线路，一辆火车头在前面拉，另一辆火车头在后面推，斜爬到坡的一头，再反向爬坡。这就如同汽车在盘山公路上爬坡，靠在坡上横行来减缓坡度，靠增加距离来减小爬坡强度。

京张铁路是中国最早兴建的铁路之一，在盾构机等钻山机械大规模应用前，人类修建道路要循着地形地貌因势利导，从野兽行走的兽迹、猎人走过的羊肠小道到乡村道、官道一层层升级，往往都是在前人基础上修建或扩建的，所谓“世上本没有路，走的人多了也就成了路”。第一条出关的铁路在此修造，旁证了出居庸关去塞外的道路是历史上北京通往西北的最主要的干道。这绝非偶然，铺展一张地图在眼前，你会看到这里的山体最“薄”。沿着不到20公里长的沟谷北上，再翻过八达岭，延庆盆地的广阔空间就展现在眼前。

有一次带着孩子走这条线，他一直低着头玩iPad，快进山的时候，我忍不住叫停：“快进山了，你看看山吧。”居住在大平原，平时见山少，新鲜的地貌形态好歹能引起孩子的兴趣。他上来就问我：“爸，你看山上为什么有那么大一片光滑的石头？”我顺着他的提问看过去，平原与群山交界的三角形山体上，像是有一片大理石的墙砖，光滑得连草都不长，如同石头被劈开露出规则的破裂面。再向两边看山体，山与平原分界的地方，全是三角状的石壁。我突然想起大学时曾在附近实习，这里是一个断层——著名的南口断裂带。地壳在这里断开，山前地带滑落向下形成平原，山体上升更显巍峨。正是大山中的南口断裂带，给北京带来了一大片深入山中的平地，也给游牧与农耕民族的交流提供了捷径，这里也成为双方争战最激烈的地方。

南口与关沟

如果从更大的地貌尺度来观察，平原与山体交接之处，一边上升成高原，一边下滑成凹陷。高原与下面的凹陷，形成了落差，水流从高处流下来侵蚀着高原的边缘，于是形成了高原边缘的山脉。山脉边缘的断层，被河谷切割的就成了三角状，形成连续成排的三角状山峰。而凹陷的地表则因为堆积了从高原搬运来的碎石土壤，形成了大平原。

关沟这条短沟，也因为短，构成了太行山与燕山的天然分界线。关沟以西是太行山，以东则是燕山。

八达岭关沟这条通道，是游牧民族进入中原最便捷的道路，因此中原政权要在这里层层设关设卡，居庸关、上关、八达岭长城和岔道城，一关连着一关。去八达岭的路上看到山巅上不时出现一段城墙，我起初还挺诧异，了解到地势上的特殊性后恍然大悟。

⊙ 盆地成群

翻过八达岭，本以为会是山连着山，要“爬”上内蒙古高原，其实不然，居然是一马平川。延庆盆地、怀来盆地、阳原盆地、大同盆地乃至更为靠南的蔚县盆地、灵丘盆地和涞源盆地，几乎所有这些盆地都是连接着、交叠着的，似乎是大自然这位巨人不经意地在山峦之间“踩”出一个个长条形的“脚印”，散布于内蒙古高原和太行山、燕山之间。就地貌而言，如此多的山间盆地，也是大自然的奇观。考古学家称这里曾经有一个 9 000 平方千米的大湖，恐怕这些盆地即为远古湖泊的基底。[①]

---

① 这里是汾渭大裂谷的一部分，本来就是沉降带，大约 250 万年前，泥河湾地区发生沉陷，成为盆地，河水汇聚形成“泥河湾古湖”，它面积最大时达 9 000 平方千米，占据了今天河北省阳原县全部、蔚县的一部分和山西省大同、朔州的一部分。

盆地中的蔚县县城

自然，如此多星罗棋布的盆地，从地势高度看也不都在一个平面上，延庆盆地和怀来盆地为一组，海拔 400 ～ 500 米，大同 - 阳原盆地海拔更高，普遍 1 000 米左右。

当如此多的盆地交织在一起，位于温带地区的高海拔平面上，又处于海拔千米以上的内蒙古高原和海拔 50 米左右的华北大平原之间，不难想见的是，其气候状态和植被类型的过渡性特点决定了游牧民族和农耕民族的双重特点。农耕民族要防范游牧民族，在此处大量设关设卡，比如张家口就“堵”在盆地与高原的交接之处。张家口是长城的一座重要关口，出了大境门，就是连绵的群山了。

如此多的盆地发育于高山之上，藏着一个大自然的秘密，那就是，当这些盆地最初形成的时候，这里的山势并不高，或只是浅山丘陵。河流在浅山之间流淌，向着两岸摆动，拓展着河谷的范围，进而形成了宽阔的盆地地貌。河流发育于大山之间，则会是不同的样貌，随着地质构造的抬升，河水获得了更多的势能，有了向前向下方奔腾的动力，便会深度切割山体，形成V字形的峡谷地貌。

大境门

实际上的确如此，地质学界基本已有定论，太行山、燕山主要隆起于第四纪，也就是距今200余万年的时间。太行山、燕山山地中的深切曲流河谷形成于第四纪，是在更早时期的曲流宽谷的基础上深切形成的。而曲流宽谷表示该时期的太行山、燕山还是丘陵-宽谷平原的地貌，如今则上升为海拔1 300 ～ 2 200

米的山地。至于太行山，通过计算不难得出，其隆起速度约为0.44～0.6毫米/年。第四纪隆起幅度占太行山山地总隆起幅度的60%～70%。①

太行山的隆起和人类在第四纪的起源与成长深度融合了，这片区域内古人类的分布和发展也应该与太行山的地势变化密切关联。

⊙ 官厅水库

流淌于盆地间的桑干河是北京母亲河永定河的上游流域。因为出山之后落差很大，河道比北京城高，永定河历史上多次泛滥，取名“永定”，表达的是人们希望能有效治理它的愿望。永定河等河流还没筑坝之前，北京和天津的低洼区域，一到汛期便是一片泽国。

在延庆盆地，一座大型水库横在北京和河北之间，这就是为根治永定河水患而修建的官厅水库。官厅水库在新中国的水利史上地位特殊，它是新中国修建的第一座大型水库，曾几度作为北京的水源地而存在，又因为水污染而不得不放弃使用。这里的设计总库容达到41.6亿立方米，可惜水库建成后上游来水却越来越少，从1959年到2012年，官厅水库入库水量减少超过90%，十

① 吴忱，张秀清，马永红．太行山、燕山主要隆起于第四纪．华北地震科学，1999，17（3）：1．

几年前水库里竟只有 1.1 亿立方米的水。过去经常泛滥的永定河也断流了 20 余年之久，2020 年水库向河流生态补水，永定河才恢复了河道景观。

水库岸边，一座座风力发电机矗立着，一直延伸到山脊，提醒着游客这里是冬日里西北朔风南下的必经之地。实际上，水库所在的河北怀来还有“沙城”之称，这里的“沙”，来源并非风沙，而是明代时这里修建了多座抵御游牧民族的城堡，城堡用三合土筑就，俗称“沙堡子”。这里也是著名葡萄酒产地，土质为河流冲积而成的沙壤土质和浅山丘陵区黄土土质，适宜葡萄生长。大风之下漫天黄沙的景观还是可以想见的。也正因为此，这里是北京面向大西北的最后一道生态屏障。曾经，为了给官厅水库补水，人们甚至从黄河调水，以山西万家寨水库的水源补给桑干河，对于极度缺水的北方，这是一种极度无奈的选择。黄河水本来就少，还要提升将近 600 米才能够调到桑干河流域。

幸好这一费力的调水不必经常实施，北方这些年雨水多了起来。北京的第一水源地密云水库，便见证了北方湿润化的奇迹。2021 年汛期，也就是 6、7、8 月共 3 个月时间，北京市降水量达到了 627.4 毫米，远高于常年同期（373 毫米）和近十年同期（395.4 毫米），为近 20 年最多。从常年和近十年的汛期降水量，我们也不难看出近十年降水明显增多，2021 年又是一个最为极端的年份。北方气候这十几年内的变化，或不仅仅局限于西北地区，北京近十年间降水量就显著增加了。

官厅水库

上马南水北调中线工程的20世纪初，情况却并非如此。那时刚经过了1998年的一场大洪水，出于对溃坝的恐惧，密云水库开闸泄洪，可是此后再难蓄满。当时北京极度缺水，唯一能调用的密云水库也只剩下6亿立方米的水，这其中还有3.5亿立方米是保底的库容不能调用。北京的水资源岌岌可危，后来的疏解大城市人口的策略，其中一个原因也是人均水资源的匮乏。

正因为水资源方面的危机感，南水北调中线工程快马加鞭地建设。通水后不仅解决市民用水，还向密云水库补充水源，以增加储备。有了南来的水，北京的水源缓慢恢复，地下水位抬升了，这座设计库容44亿立方米的水库也终于恢复到了一半多的库容。曾经，密云水库每增加1亿立方米，对这个极度缺水的城市来说都是大消息。可2021年仅一个夏天，几次大雨的“灌输”后，密云水库蓄水量已经达到了 34 亿立方米，为历史最高水位。

⊙ “老头树”和冰雹

近年来北京的雨水增多了，河北似乎也是如此。和北京相似，河北境内公路两边也都是树木，除了成行成列的大杨树，还有低矮的灌木和不那么高的树木，有一人高的杏树，有松树，高低错落生长在道路的两边，伸向大山深处。河谷两边的高山呈红褐色，裸露出基岩和碎石。那里的山峰是如此陡峭，树木也难以扎根生长。河谷地则因为有水流的滋润，又聚拢了云气，水分就充足得多。

从北京一路向西，道路两边都是郁郁葱葱的，30 年前我们经此去西北实习的时候可不是这个样子，那时候走到哪儿都是黄沙黄土铺地。后来又过了十年，北京的郊区绿起来了，但河北还是差很多。可是现在，整个去山西的路上都有绿色陪伴。

在桑干河冲出的谷地上，两边是巍峨的高山，中间的谷地宽广平阔，不过除了钻天杨笔直高耸以外，其他的树木都是很低矮的。这让我想起了 30 年前去大同实习时，当地人形象地将这些树木称为“老头树”，以形容它们长得七扭八歪、干干瘦瘦。这不难理解，过了沙城，道路两边的冲沟变得深而陡峭，黄土高原的土壤特征就显露出来了。黄土的特性是保水性差，这里又是高原，水流侵蚀作用严重，土壤本身是极度缺乏营养的。

经常在这条路上走，也就有机会见识这里夏天多变的天气。

那是8月的一天，远方还能看到太阳光在云彩下闪亮着，突然就下起了雨。雨里夹着冰雹，打在车顶和车玻璃上噼啪作响，声音越来越大，如同紧密的鼓点，敲打着高速公路停车场里的一切。司机们不约而同地突然就都发动起汽车来，我还以为是要赶紧开走，没想到都开到了附近加油站的棚子底下。冰雹打在棚子上的声音更响了，水汽被大风裹挟着横冲直撞，身体虽冷得瑟瑟发抖，好在有棚子遮挡，冰雹被挡在了外面。这时候有余暇欣赏冰雹了，拿在手上有分币大小，多是扁平的，而非圆球形状。

冰雹持续了七八分钟，来得快去得也快。离开了加油站，路面上蒸腾着水汽，在不远处，居然连地面都没湿。再向前开，看到的是一束束霞光从云彩的边缘照下来，万道霞彩。这是农历七月，难以想象高原的气候如此变幻莫测，一片云彩一片雨，隔着几步路就是完全不同的天气。

夏天下冰雹并不少见，可对居住在大平原的我来说，极少遇到，也没担心过车玻璃被砸的事。那次看大家齐刷刷地躲到加油站，才明白山区生活与平原大有不同。通常，当上升到高空的云层遇到冷空气，水汽就会迅速凝结成雪花和冰晶，空气剧烈扰动，雪花和冰晶上下飞动，化了冻、冻了又化，碰撞粘连。如果云层足够厚，达到数千米的厚度，这些冰块会在反复升降过程中变得足够大，然后才落到地面。

北京以北的山地和高原，历来被当作消夏纳凉避暑胜地，冬天却是长风呼啸，来自西伯利亚的冷风劲吹，其气候气象特点是有着地理原因的。这里是华北平原与内蒙古高原的接合部，地势在很短的距离内陡然上升了上千米，水流切割出大大小小的河流沟谷，也形成了连绵的山地。山地间盆地的存在更为水与气的通行提供了通道，人类正是利用这些盆地和河流冲积出来的相对平缓的沟谷建设道路，实现了高原与平原之间的交通。

后来，当我沿着这条道路返回，眼前如打开的一幅风景画——高速路笔直向前，远处的山谷尽收眼底。此时的云层重叠着在山谷中排列着，呈现出戏剧性的效果。在河北阳原的加油站，加油员告诉我网线被大风刮断了。前一天这里刮起了十级大风，她向我比画着，小脸盆粗的树木都被刮断了，大风、暴雨使得变压器被烧毁，阳原县城供电断了一整天。“这样的天气经常发生吗？”我问。“这两年，每到收庄稼的时候都有冰雹，专门祸害收成。”她告诉我。

冰雹灾害是一个小尺度的气象灾害，但分布颇广，中国大部分地区都有冰雹灾害，几乎全部省份都或多或少有冰雹成灾的记录，受灾的县数接近全国县数的一半。

我往西北行进了三百多公里，来到古城大同。大同盆地在地貌上对农耕民族来说是一个有着重要意义的存在，它的西面、北面和南面三面环山，唯有东向与阳原盆地连接，如同一个大滑梯，一步就滑到北京的边缘八达岭脚下，这极大地方便了游牧民族南下。明朝定都北京后，大同的作用就更为突出了，这里成为抵御游牧民族侵扰的第一道防线。过去坐火车路过，我总惊异于铁路沿线的一座座严整高大的城堡，原来这就是明代为了巩固边疆建立的边防七十二城堡。这些城堡保卫着京师，也见证了诸如土木堡之变时明英宗朱祁镇被瓦剌军队俘获的重大历史时刻。

⊙ 人类第一餐

当我把内蒙古高原与华北平原在太行山间的连接比喻为一个大滑梯的时候，这个比喻用在张家口到北京的一系列盆地和山谷之间也是恰当的，如果用在大同到北京的桑干河谷，则稍显牵强。北京和大同纬度大致相同，从北京到大同，先要西北行，过了沙城则要折向西南方向，穿越一段被桑干河冲刷出的谷地，完成从海拔 600 米到 800 米的台阶爬升。

在沙城与大同之间，桑干河的谷地上，有一片叫作阳原盆地的地方，确切地说，是桑干河流过了阳原盆地，形成了一片壮阔的河谷景象。我是站在泥河湾古人类遗迹遗址的观景台上，感受到这片谷地的壮阔的，对面远处有黛色的山峦，河谷宽阔平展，一条河流蜿蜒流过。当你想到 200 万年前，这里就有了人类活动，古人在此聚集生活，并且这里的地层保留着从 200 万年前到 7 000 年前的数十处人类遗迹，那种感受就更强烈了。

全世界距今 100 万年以上的早期人类文化遗存目前发现 50 余处，泥河湾遗址群就占 40 处；中国发现的 100 万年前更新世旧石器时代遗址 16 处，而泥河湾遗址群就占 12 处，其中马圈沟遗址距今 200 万年。泥河湾遗址群的存在，预示这里可能是东亚人种的起源地，这向人类的非洲起源学说提出了挑战。泥河湾博物馆的展板上写着这样一段话：“考古学家的研究发现证明，人类不仅可能从东非的奥杜威峡谷走来，也可能从泥河湾走来，泥河湾很可能是除非洲之外，另一个人类起源地和东方人类的故乡。”

泥河湾地貌

在博物馆的大厅，一头现代仿制的猛犸象骨骼矗立在正中央，旁边讲解牌上，讲述的是其作为远古东方人类第一餐的非凡意义。化石是仿制的，并不意味着没有原始化石，这里只是一个县级博物馆，很多挖掘出土的古人类遗迹原件都保存在了省博物馆或更高级别的场所，但这并不能减损泥河湾跨度几十年的考古发掘所展现出来的东方古人类在这片土地上生活的价值。

一只猛犸象陷在了沼泽里，引来了人类的捕猎，他们不仅吃掉了猛犸象的皮肉，还敲骨吸髓——因为猛犸象的骨头碎裂了，这成为人类存在的证据。看着解说，我产生了一丝怀疑，黑猩猩是否也有凿碎骨头的智力呢？似乎秃鹫也会叼起骨头，从高空中摔下来，把它摔碎，自然，那样的摔碎会使骨头散布到很大的范围。古代是否也存在一种智力相当的生物呢？不过，泥河湾 200 万年前存在人类的证据还包括一些简单的石器，比如这顿大象大餐中，就有刮削器遗存了下来，那时人类已经进入了旧石器时代。

敲骨吸髓，也暗合了人类进化过程中在生理中留下的一个状况——与古猿分道扬镳后，人类或许曾有过一段食腐的经历。人类进化学说中，学会制作工具后的原始人采取的是采集和狩猎的生活方式，今日生活在边远地区的原始部落也是如此。可 20 世纪 70 年代，路易斯 · 宾福德（Lewis Binford）提出，早期人类是通过食腐而不是狩猎来获取食物的。旧石器时代初期的人类生活在森林和疏林中，这种环境便于捡拾和采集果实、鸟蛋等食物，也便于食腐。布莱恩 · 费根（Brian Fagan）曾经提到过一个有趣的细节，奥杜威峡谷发现了一些动物的骨头，在显微镜下观察，动物的齿痕存在于石器刮削痕迹的下层，说明是野兽先啃咬了骨头，人类随后才用石器开餐。

当人类向草原过渡，体毛褪去，开始奔跑，才得以猎获大型动物。对早期人类而言，学会制作一些粗陋的工具，尤其是打击工具，把动物尸体的骨骼敲开获得营养是再好不过的选择了。此前，动物界这一部分蛋白质和脂肪实际上是被浪费的，直接留给微生物分解了。

且慢，这里绝不是断定人类进入了一个没有竞争的食物链上的位置，只是推测这是一个竞争不那么激烈的生态位，尤其是对那些硕大的骨骼来说，石头砍砸更有效。奥杜威峡谷的动物骨骼上的痕迹，是动物啃咬在先而不是石器刮削在先，证明了人类彼时处于食物链上相对弱势的地位——捡拾食肉动物捕猎后的骨骼。①

一整头被大型动物吃过并丢弃的斑马尸体，至少还能够提供15 公斤的各种大小的肉——特别是骨髓和大脑，是最富有营养的部分。可那些食肉动物只会用蛮力进餐，躲在骨头中的营养被浪费了。刚学会使用工具的人类，刚好把大自然中这部分最容易用巧劲得到的食物利用起来。其实，在对付坚果坚硬的外皮上，很多灵长类动物都本能地会用石头击打敲碎，人类敲打动物骨骼，也是一脉相承的。

⊙ 胃酸之谜

人类的胃液是由盐酸构成的，通常情况下胃酸的 pH 值为 1.8 ～ 3.5，在长时间空腹的情况下可低到 0.9，和其他食肉、食草与杂食动物比起来，都是颇为特别的情况。pH 值相差 1，浓度差 10 倍。人类胃酸的酸度如此大，以至于平常我们卡了鱼刺，只要把它吞咽到胃里，就不用担心食道会被划伤了，用不了多久鱼刺就被胃液溶解了。

不妨列举几种动物的胃酸浓度作为对比。短角鹿胃酸 pH 值

① 河森堡．进击的智人．北京：中信出版社，2019：64．

是 5.5，大象胃酸 pH 值是 3.3。杂食动物胃酸 pH 值在 2.8 ～ 5.9。作为现存与智人最接近的两个物种，黑猩猩和倭黑猩猩的胃液 pH 值实际上接近中性。食醋的 pH 值为 2.5 ～ 2.9，大多数动物的胃酸 pH 值没有食醋强。人类的胃酸更接近食腐动物，如白背秃鹫胃酸 pH 值是 1.2，食腐动物如秃鹫等极端情况下胃液 pH 值几乎可以为零，属于强酸液体。这种高酸性的胃液可以杀死绝大部分细菌，甚至连金属也会被腐蚀。食草动物则没有强酸胃环境的必要。强酸可以杀灭细菌和病毒，但身体的其他部位同样也要防止强酸腐蚀，于是身体又不得不进化出防护机制。

⊙ 巨湖

泥河湾人类遗迹分散在阳原盆地的边边角角，一个重要的原因是这里曾是一个巨型古湖。生活在湖泊里或岸边的动植物，给远古人类提供了食物，吸引着古人在此渔猎采集。随着构造活动和气候的变化，湖泊时大时小，及至两三万年前湖泊东部流向大海的通道被猛烈切割，且被切割得越来越深，湖泊见了底，桑干河的侵蚀将古地层彻底“打”开，人类和动植物遗迹一层层地展示出来。

泥河湾在地质界和生物界也蜚声中外。1921 年，泥河湾村天主教堂的神父文森特报告了泥河湾村附近发现古脊椎动物化石，100 年来，几代科研工作者不断来到泥河湾进行考察或发掘。“泥河湾层”曾成为华北早更新世的标准地层，泥河湾动物群也是被广泛研究的课题，还揭示了动物进化和迁徙的路径。比如达尔文在《物种起源》中提出，冰期动物是从北极起源的，而泥河湾动物群里有披毛犀，按此推论，也应该是从北极而来的。以中国科学院古脊椎动物与古人类研究所邓涛为首的中外科学家在西藏喜马拉雅山边的高海拔地区发现的一个上新世哺乳动物化石组合，其中包含了已知最原始的披毛犀，并由此推断随着第四纪冰盖扩张，披毛犀一路进化，走出高原。严寒的高海拔青藏高原成为冰期动物群的“训练基地”，冰期到来后这些动物下了山，开始统御动物世界。如今处于食物链顶端的大型猫科动物便是进化自高原上的雪豹。

按照现代遗传学以及西方考古学的传统研究，200 万年前古人类起源于东非，并从那里三次走出非洲。前两次都失败了，和现代人没有基因上的传承关系，意味着灭种了。如今 80 多亿人口的人类，基因均来自 14 万年前的一位黑夏娃母亲，现代智人走出非洲，只是最近 7 万年的事。当我们以遗传 + 考古学的眼光看待 200 万年前那一餐的时候，就会产生出另一种想法，人类也可能诞生于东方，这正是泥河湾博物馆想传达出来的信息。

但人类从南方古猿到能人到直立人到智人是个漫长的演化过程。在第四纪冰后期，约 1.8 万到 1.5 万年前，彼时正值盛冰期，白令海峡的海水退去成为陆桥，现代智人自西伯利亚踏足北美，几千年间便遍布了美洲大陆。既然人类可以以平均每年数公里的速度迁移，在更古远的时代，他们以数万年的时间从非洲迁至东亚，也并非不可能。当然，如果是迁移，就需要一路上的考古发掘来证明。

更何况，按照地质学界的成果，横亘于欧亚大陆中心地带、阻断东西交通的青藏高原，在人类出现的早期并没有现在这样高耸。它因为板块挤压在 3 000 万年前浮出海面，直到 1 000 万年前都并不太高，一般在海拔 1 000 米左右。只是到地质时期的近代，即距今 300 万年至 200 万年以来，原始高原受到南北两侧水平运动的压力，导致垂直方向上的大幅度抬升，这段时间高原平均上升了 3 500 ～ 4 000 米。

按照国家文物局公布的“中国考古百年 / 中国考古学百年成就”，百万年以上的古人类遗迹，除了泥河湾，在中国还有蓝田、元谋、安徽人字洞。蓝田公王岭发现的蓝田直立人，年代为距今 110 万年至 115 万年。云南元谋人，经古地磁测定牙齿化石的地层年代为距今 170 万年前后。安徽芜湖繁昌瘌痢山人字洞发现了距今 240 万年至 200 万年的石制品等人类文化遗存，与非洲发现的最早的人类文化遗存的年代接近。这些材料对在亚洲地区探索人类的起源具有十分重大的意义。而河北阳原泥河湾盆地的小长梁、东谷坨、半山、岑家湾、马圈沟等遗址，确认了 15 个文化层，年代距今 176 万年至 120 万年。这就更使得东方起源说法扑朔迷离了。

⊙ 苦寒之地

若以地理学的眼光，这是旧石器早中期中国最北的人类遗迹了。泥河湾所处的阳原盆地，海拔足有八九百米，高海拔决定了温度低于平原地区四五摄氏度，这里是冬季季风的必经通路，第四纪又是冰雪肆虐的冰川期，温度普遍比现在低上七八摄氏度。① 不过，好在第四纪冰期的气候特征，并非一味寒冷，而是冷暖也有轮回。

在距今 136 万年的小长梁遗址，考古工作者发现了包括鬣狗、古菱齿象、三趾马和三门马在内的动物化石。距今百万年的东谷坨遗址则发现了中华鼢鼠、狼、熊、古菱齿象、三门马、披毛犀、野牛、羚羊等动物化石。距今 10 万年的侯家窑遗址发现的动物化石主要有鸵鸟、鼠兔、虎、野马、野驴、披毛犀、赤鹿、河套大角鹿、扭角羊、野猪等，其中以野马、披毛犀和羚羊化石数量最多。如此多种类的动物，说明这里的食物链具有一定的复杂性和成熟度。这里既有生活在草原的动物，还有生活在森林的动物，环境也是颇为复杂的，但主体上草原动物占比最多。

⊙ 森林草原过渡带

行走在大同古城，我突然想到，大同盆地对游牧民族和农耕民族有着同样重要的意义，它三面环山，唯有东向与阳原盆地相接。当游牧民族自草原南下，这里背靠群山，面对着那个被我们称为“大滑梯”的东向通道，进可攻退可守。南北朝时期，拓跋

① 2023 年，在全球变暖的背景下，大同 12 月出现了零下 33℃的极端低温，比同纬度的北京最低温度低 17℃。

鲜卑建立的北魏从草原南下迁都于此，最终统一北方，那时的大同被称为平城。大同的云冈石窟、悬空寺等举世闻名的古迹就始于北魏，这里还发现了北魏宫城遗址。我的旅程，自这里便开始向草原进发了。

过了大同再向西，森林和草原过渡的感觉越发明显了。山西与内蒙古交界的右玉县是一个治沙造林的楷模县、一个绿坡相连、绿意盎然的世界，山坡上油松、马尾松和樟子松连成了片，低洼处杨树、榆树和柳树排成了行，林间草地错落，小灌木散落在路边，一片生机盎然。按理说，这里还算不上原始森林，但次生林已经发展得种群丰富，是一种颇为高级的生态环境了。

右玉县风光

右玉县地处晋蒙交界，距毛乌素沙漠的主要风口不到100公里。曾经，关于这里形象的比喻是“一年一场风，从春刮到冬。白天点油灯，黑夜沙堵门。风起黄沙扬，雨落洪成灾”。经过几十年的治理，已经完全改变了面貌。

除了右玉人锲而不舍的种树精神，我更关心的是这里的自然条件是否支撑着一个森林生态系统的生生不息。

右玉的自然条件在我国的气候带上并不是一个特殊的存在。400毫米等降水量线是中国一条重要的地理分界线，它大致经过大兴安岭—张家口—兰州—拉萨—喜马拉雅山脉东部。这条等降水量线是半湿润与半干旱区分界线，同时也是森林植被与草原植被的分界线。右玉刚好落在这条分界线上，年平均降水量约为410毫米，这里的植被能够从荒漠或草原状态恢复到森林，是有着水资源的基础的。

这条400毫米降水线，一边是半湿润，另一边是半干旱；一边是森林，另一边是草原；一边是农耕，另一边是游牧；一边人口密集，另一边人烟稀少。截然不同的景象，可谓是地理环境决定论的一个生动的写照。

右玉的植树当然也有其先天的优势。它背靠大同盆地，面向敕勒川草原，不远处即是黄河的一条支流浑河。浑河的支流苍头河从右玉流过，苍头河谷地的树木长得尤其茂密。但苍头河的阶地上，乃至远离河道的地方，树木都远比周边旗县茂密，还是说明了事在人为。这也提示我，在远古，没有人类干预的情况下，从黄河岸边到北京这个风的通道——游牧民族驰往农耕民族的天然“大滑梯”，生态环境整体上应该是颇为优越的。

地理环境决定了400毫米降水线内人们在田地里劳作，要牢牢地守着一亩三分地生活，而塞外游牧民族则是“天苍苍野茫茫”，信马驰骋。在农区的边界地带，自战国时期中原人民就开始建设长城，防御游牧者“打一枪换一炮式”的掳掠。秦朝统一国家后，各地散乱的长城连接在一起。到了明朝，朱元璋把元朝残部赶到了遥远的大漠，明代统治者又征调民夫大举修筑长城。“左云右玉”四个字里就蕴含着当地四个卫所的名字，左云是大同左卫和云川卫的简称，右玉则是大同右卫和玉林卫的简称。“左云”“右玉”两个美好的名字，与它们所处的地理位置直接相关。

右玉与内蒙古接壤的长城关隘，即是走西口路上的重要关口杀虎口的所在。杀虎口原名杀胡口，一望而知是农耕民族和游牧民族激烈争斗的战场，清人掌国后，因犯了忌讳，才改名杀虎口。杀虎口两侧高山对峙，地形险峻，两山之间是开阔的苍头河谷地，自古便是南北重要通道，也是历史上的重要税卡，作为中原与内蒙古、新疆之间以及中俄贸易的必经之路，政府在这里设立了税卡，日进斗金。明清时期，杀虎口还成为晋商的发源地和主通道。曾经盛极一时的“大盛魁”商号就发祥于此。

杀虎口外，就是“天苍苍野茫茫，风吹草低见牛羊”的敕勒川草原了。

第四章

远古动物的迁徙通道

200 万年中，人类在相当长的时间里是以个体的生命为代价来顺应气候变化的，火的使用以及动物皮毛和植物纤维的使用缓解了人类对寒冷的无奈。及至几万年前发明了针线，几千年前开始了养蚕织绸，几百年来学会了高效率地去棉籽、纺纱织布，人类对气候的适应能力才大举提高。如今，我们夏天有空调，冬天有暖气，严寒酷暑似乎再也奈何不了我们。

⊙ 人类是什么时候发明针线的?

《枪炮、病菌与钢铁》中提到，尼安德特人由于没有发明出针，所以无法缝制衣服，这使其不具备御寒能力而足迹止步于德意志北方。[①]

《极简人类史》的作者大卫·克里斯蒂安把人类征服西伯利亚和登陆澳大利亚等量齐观，他是这样写的：

“同样载入史册的还有约 3 万年前人类在西伯利亚的出现。要想在冰河时代末期的中亚大草原（面积广大、浩瀚无垠的大片无树草原）生活，你必须掌握捕获大型哺乳动物（如鹿、马、猛犸象等）的高超狩猎技术，因为此地可食用的植物要比温暖地区少得多。而且，你必须学会取火、制作贴身的衣物、建造经久耐用的房屋，以保护自己不受严寒的侵袭。”

人类发明针是什么时候？俄罗斯考古学者在阿尔泰山丹尼索瓦人的山洞里发现的骨针，至少已有 5 万年历史。丹尼索瓦人是新近发现的古人种或亚种，并非现代智人。我国境内山顶洞人遗址中发现的一根骨针，针身略弯，长约 8 厘米，不比火柴棒粗多少，表面比较光滑，距今约 1.8 万年。可惜出土时针孔已损坏，但依稀可见针的原貌。更早的中华第一针发现于宁夏水洞沟遗址，距今约 2.5 万年。水洞沟遗址位于宁夏银川市东不远处，黄河支

① 贾雷德·戴蒙德. 枪炮、病菌与钢铁：人类社会的命运. 王道还，廖月娟，译. 北京：中信出版社，2022：14.

流边沟河两岸，于 1923 年发现并首次发掘，是中国最早发掘的旧石器时代遗址。那里出土的动物化石包括鬣狗、羚羊、牛、犀牛和马等，是以草原动物为主的动物群落。

由于制作精细、钻孔难度大，骨针代表了当时生产工具的高制作水平。当然，没发现并不意味着更早的时候古人一定没有针。

以现代人的眼光看，阳原盆地环境并非优越，甚至可以称为“苦寒”了。寒冷倒也并不可怕，关键要有食物。帝企鹅在南极养育后代，那是地球上最冷的地方，天敌很少，食物又丰富，这样的生态位即便不是帝企鹅去占领，也会有其他生物进化出相应的耐寒本领去适应的。

其实人类就是从热带森林的舒适圈走出来，在草原上学会了直立行走的，也只有环境变得艰难了，人类才进化出更高级的本领。但对于原始人类来说，环境与能力的互动也是相辅相成的，比如学会用火，改善了饮食，居住在山洞里温度也提高了，可以向北迁移了，但不能缝制兽皮衣服，还是限制了他们向更北的寒冷地带进发。

生物分子学家马克·斯通金（Mark Stoneking，他是线粒体夏娃理论的提出者）通过“分子生物钟”计算出头虱与阴虱大约在 120 万年前分道扬镳，即人体至少在 120 万年前开始褪毛。这和人类起源于非洲的学说是契合的，古人在非洲大草原上追逐猎物，褪去毛发便于散热，人类靠耐力成为长途追逐者，但也弱化了抵御寒冷的能力，当他们来到温带或寒温带，裸身无体毛就会受到寒冷的限制。

中国发现的最北的古人类遗迹位于大兴安岭的北部，即十八站旧石器晚期遗址，距今约 1.2 万年。十八站遗址是在我国最北部地区首次发现的旧石器时代遗址，彼时那里的居民或已经使用了针线。并且，1 万年前地球温度已经回暖了。吉林省发现的最早的遗迹是安图县的安图人洞穴，其中一枚古人类牙齿化石，经碳 14 测定距今 3 万年到 2 万年。辽宁省营口的金牛山遗址距今 20 多万年，是东北地区最早的古人类居住遗址。东北三省发现的遗址，越南越早，越北则越晚，揭示了气候条件与人类向北迁移的关系。张光直在《古代中国考古学》中其实提到了诸如齐齐哈尔昂昂溪人类遗址、内蒙古靠近与蒙古国边境的扎赉诺尔遗址，这些地区都相对靠北，冬日严寒。时隔其成书已经数十年，我再查证新的定年的时候，发现最新确定的年代都是旧石器晚期，年代在距今 5 万年到 1 万年间。

近来考古学家在亚洲的内陆发现了更多的人类洞穴，尤其是寒冷地区的洞穴对保持人类 DNA 信息更为有利，诸如丹尼索瓦人山洞等引来越来越多的关注，仿佛人类很早就出入高海拔高纬度地区。但这些要么有赖于气候变暖，要么有赖于衣服的发明，如果不是穿上了衣服，至少那些向寒冷挑战的原始人得“披”上兽皮。

对体虱的基因学追溯又发现，人类开始穿衣服的时间大约是 17 万年前。体虱由头虱进化而来，它与头虱分化的原因，是身体上有了可以攀附的物品。（使我有所不解的是，胸毛会不会成为体虱的栖居地呢？或许因为女人没有胸毛，男人身上长胸毛但不普遍，故而在人类穿上衣服之前，身体部分没有可以攀附牵挂的东西，所以虱子无法从头顶迁居到躯体部分生活。）由此可以推测，在赤身裸体和穿上了严密包裹的衣服之间，人类在相当长的一段时间内披挂着保暖物品。这帮助他们向更北方迁徙。

在人类褪去毛发后相当长的时间内，他们赤身裸体，要面对寒冷，故而地球上的高纬度地区是不能去的。那里有着大群大群的食草动物，也有捕食食草动物的食肉动物，寒冷的食物链里却没有赤身的人类参与。可当人类首次出现在那里时，那里似乎并没有出现类似人类登陆美洲和澳大利亚时大型动物被灭杀殆尽的惨剧。原因之一可能是，人类穿上衣服是个渐进的过程，他们涉足寒冷的北方冰冻土地也是渐进的、试探性的，这个过程中会和动物有适应性互动，和踏上陌生的土地不是同样的概念。另一个原因，恐怕在于那些来自寒冷地带的动物并非一年四季都生活在该地带，而是随着季节而迁徙，与人类在更温暖的地带有所接触，从而与人类的狩猎技能同步进化。

⊙ 马跨白令海峡

第四纪是冰雪世界，冰雪为何开始是一个颇为玄妙的题目，塞尔维亚科学家米卢廷·米兰科维奇提出地球长期气候变化和地球轨道的周期性变化的关系，也就是今日所说的米兰科维奇循环。该理论解释地球气候变迁是因为地球和太阳的相对位置、地球自转轴等的周期性变化。他的解释与冰河期冷暖相间的变化颇为契合，但在第四纪冰河期之前的地球与太阳的关系并不会有大的变化，为什么那时地球没有进入冰河期？原因应该更为复杂，一种说法是南北美洲靠近、碰撞，中美洲陆地从海底隆起阻断了太平洋和大西洋水体的连接交流。这里不必细究，也没能力细究。

我想到的是第四纪到来的标志是什么。在动物学界，真马跨越美洲、亚洲大陆，被称为一个标志性事件。马跨海峡，让人不由得想起古人的如“秦琼马踏黄河两岸”“刘备跃马过檀溪”等马跃河流溪水的故事，可跨越最近距离也要38公里的白令海峡，且是冰冷海域，却是极难想象的。澳大利亚孤悬于南太平洋上，4万年前有土著人登陆。[①]可人类登陆北美大陆却是很晚近的事，那里太冷了，并不适用于划独木舟。

如今，有了现代科技的加持和保护，很多探险队挑战横跨白令海峡。冬季结冰的时候，人们试图在冰上从俄罗斯走到美国，可这绝不是一件容易完成的探险。冬季的白令海峡虽然结冰，但冰层随时会毫无预兆地破碎、断裂，有许多很宽的冰缝，在这种情况下，探险队员就得游过去。在目前穿越白令海峡的记录中，有划船的，有靠滑雪板或者雪橇的，有一次是徒步，甚至还有一次是接力游泳。也有人试图开车过去，但似乎只有一条成功的记录。

现代人的成功跨越，还有一个极为重要的原因。我们知道对面存在一个大陆，而古人，还有古代的马匹，面对着茫茫海冰是没有如此预期的，也就意味着选择向前走，没有任何激励。可能是精神错乱的结果？如果是精神出了问题，一个人还好理解，一

① 考古发现揭示的是智人从亚洲沿海一路向南，彼时海面下降，很多岛屿连在一起，他们是边走边划船来到的澳大利亚。

群人却很难同时出问题。[①]

可即便如此难以置信，一群马却成功地在 260 万年前从北美洲跨入亚洲，并在旧大陆迅速繁衍开来。1.5 万年前，则是一拨亚洲大陆的原住民跨海去了北美，在那儿繁衍兴盛，建立起了印第安人的部落，乃至印加帝国。这背后究竟发生了什么？原因就在于地球来到了第四纪冰期——一个冰雪王国的世界。[②]

地球演进史上有三次冰河时代，分别是 6 亿年前的震旦纪大冰期、2.5 亿年前的石炭 – 二叠纪大冰期和 200 多万年前开始的第四纪大冰期。既然是冰河期，从字面上理解这似乎是一个白雪皑皑的天与地一片混沌的时代。学界公认，北半球的欧洲和北美洲上都覆盖有厚厚的冰盖，欧洲的冰盖延伸到了北纬 50 度以南，北美洲的冰盖延伸到了北纬 40 度以南，这也几乎就是北京的纬度。如果真是那样，高纬度的陆地完全被冰雪覆盖，又处在极端寒冷的环境中，人类是如何迁移的呢？恰恰是在第四纪冰川期，人类数次走出非洲，遍布了除南极以外的所有大陆。[③]

---

① 哥伦布发现新大陆，就是基于一个错误的计算，他以为很快就能到达印度，所以贸然组建船队探险。这也意味着，若非海水退去出现了一片陆地，有野草、灌木或乔木，有食物，动物乃至人类都不会贸然冲入海中。自然，追逐鱼群也可能偶然发现新大陆，可惜的是这里太寒冷了。

② 据《驯化》的作者艾丽丝 · 罗伯茨说，阿拉斯加育空河谷 2.4 万年前就出现过人类遗迹，那时正是盛冰期最寒冷的时候。盛冰期巨大的冰盖阻止人类继续向南，直到 17 000 年前，当冰盖退缩，古人才找到向南方前行的通道。

③ 对于人类东亚起源的说法，其实可以从现代人类基因的角度来理解。一个事实是，欧洲人、亚洲人和美洲印第安人，除了非洲智人的基因外，都留有少量来自丹尼索瓦人和尼安德特人的基因片段，唯独非洲人身上不带有这些来自亚欧大陆“土著”的基因，可见我们现代人的迁移脉络是从非洲向外扩展的。至于更早的人类迁移，是以东亚为始发地还是东非，却无定论。

第四纪冰期的全球气候，其实并不是一味寒冷，也包括几次冰期和间冰期的循环，地质学家称这种循环为“旋回”。在第四纪最大的一次亚冰期中，世界大陆有 32% 的面积被冰川覆盖，气候寒冷，平均气温比现在低 8 ～ 12℃；在间冰期中，气候温暖，北极气温比现在高 10℃以上，低纬度地区也比现在高 5.5℃。故而第四纪冰期，其实是寒冷与温暖相间，是“一半是海水一半是火焰”的震荡期，地球进入这样一种打摆子状态。可就是如此特殊的环境孕育出了现代人类，可见极端气候如同催化剂，加速了人类进化。

但这种极端震荡的环境也是极端危险的，用现代基因学追溯，生物学家发现，发生在 93 万年前的极端气候事件，曾经使人类失去了 98.7% 的成员，数量由 10 万人降到 1 000 余人，人类几乎走到了灭绝的边缘。[①]

第四纪的气候发生摇摆，远古人类和动物随之南北迁移，似乎是合理的逻辑推断。迁移自然也更频繁地发生在更小的时间尺度上，就如同现在大草原上野生的羚羊、牦牛，它们一边吃草，一边游走，时刻处于迁徙中，通过迁移探寻着生存的边界。其中最具标志性的迁徙，恐怕就是跨越白令海峡的两次迁移了。

白令海峡最窄处只有 38 公里，海底深度 30 ～ 50 米。第四纪冰期海水以降雪的形式被搬运到陆地上，以冰的形式停留下来，其后果是海面下降，海底出露，而白令海峡海床颇浅，也就完全

① HU W J，HAO Z Q，DU P Y，et al. Genomic inference of a severe human bottleneck during the Early to Middle Pleistocene transition. Science，2023（8），Vol 381，Issue 6661：979–984.

变成连接两个大陆的大陆桥。人类和大型哺乳动物要跨大洲旅行，恐怕就要等到大陆桥出现了。当现代马，也就是真马从北美洲跨越大陆桥来到亚欧大陆，便构成了一次标志性事件——寒冷的第四纪开始了。[①]

对中国黄土的研究表明，约 250 万年前黄土开始沉积，反映了气候和地质环境的明显变化。真马的出现，与中国黄土高原开始堆积的时间不谋而合，冰冻开始，朔风渐起，那是个让人想起来都瑟瑟发抖的时代。

⊙ 256 万年后

另外一次跨越是现代人类通过白令海峡进入美洲，通常认为是约 1.5 万年前的事件，那个时候也是冰盛期，海峡也被完全裸露出来。

起初我有一个疑问，现在的阿拉斯加也是天寒地冻，那时候的北美洲高纬度地区难道不是被巨大的冰盖覆盖着？后来意识到，冰盖的存在并不意味着整个大陆都被盖住了。既然海峡的海底出露，形成白令陆桥，现在的海岸附近的大陆架同样也是出露的，至于现在海岸内的陆地平原，也会有不被冰盖覆盖的地方，构成

① 真马出现在亚洲、欧洲，之所以可以标志冰期的开始，原因就在于约 5 600 万年前始祖马这种狐狸大小的动物曾广泛分布于亚洲、欧洲和美洲的森林里，并在美洲独立演化成四腿强健、中趾为蹄的善于奔跑的动物。真马出现于北美，它能跨越大海遍布于欧亚大陆，对应的应该是地球进入了一个冰冷严寒的时期，具体测年是大约 260 万年前。

长条形的沿着海岸线的信道，而信道正是人类迁徙的理想走廊。实际上，考古学家描画的人类向北美的迁徙路线，先是沿着美洲大陆的西海岸一路向南，过了冰盖，人类才开始兵分两支，一支向南，另一支深入内陆地区。

天寒地冻，人类为什么在如此靠北的地方生存，还动了迁徙的念头？可以肯定的是，人类并不是喜爱自找苦吃的族群。《人类简史》作者尤瓦尔·赫拉利断言人类从狩猎采集转入农耕状态是自找苦吃，这个观点是值得怀疑的。农耕提供了较为稳定的食物来源，而狩猎成功的概率颇小，并且，在温带地区，一年四季分明，也只有秋天才有大量的果实供给采集。俄罗斯考古学家发现，智人 4.5 万到 4 万年前来到西伯利亚，那时候正是暖期，贝加尔湖周边植被由草原转变为森林，针叶林迅速扩张。可气候转冷后，部分人或许不得不留下来了。

我们现代人生活在由木头或砖石垒起的房间里，据考古发现，远古人类在北半球很多是穴居的，生活在洞穴里。洞穴，尤其是深入地下的洞穴得到了来自地底的热量扩散，冬暖夏凉，无疑是避寒的好地方。可出门打猎就没有“地暖”的庇护了。生活在寒冷地区的动物，比如熊，为了抵御冬季的寒冷和食物短缺，进化出了冬眠的习性。据一项研究，某些人类似乎也曾获得冬眠的能力。但大部分人并非如此，这就让人疑惑，在漫长的冬季里他们如何获得能量。显然在北半球季节鲜明的气候条件下，植物春天开花、夏季生长，只是在秋季结果，采集生活有着强烈的季节特征。唯有捕猎可以贯穿始终，如在北极生活的爱斯基摩人，在格陵兰北部，他们在冬夏之交猎取海豹，6至8月以打鸟和捕鱼为主，9月猎捕驯鹿，而在阿拉斯加北端，全年以狩猎海豹为主，并在冬夏之交猎取驯鹿，4至5月捕鲸。不同季节、不同地区，爱斯基摩人采用不同的方法猎取海豹。

和旧石器时代乃至新石器时代的原始人比起来，爱斯基摩人的捕猎是更高级别的捕猎。在遥远的古代，原始人的狩猎方式和工具或更为笨拙，但那时候胜在野外动物更多样、数量更多。我想，他们也会因为动物习性的不同，而在不同的季节调整狩猎方法，自然，最重要的就是在对的地方找到对的猎物。

后来发明了针，原始人制作了能包裹全身的兽皮衣服，像野兽那样，身上有毛发来保暖，人类才走到了更靠北的地方，才从白令陆桥跨越到了美洲。

人类之所以能从亚洲的东北角走到美洲，或许还得益于亚洲的气候。亚洲东部季风气候强盛，夏天有暖风自太平洋吹来，冬日又有来自西伯利亚的寒风横扫，如同流水中不容易结冰一样，这里并没有出现一个大范围的冰盖。甚至在青藏高原那种地势高而寒冷的地方，地质学家普遍的看法也是没有出现一个完整的大冰盖。加之亚冰期与间冰期冷暖交替，在那些温暖的时期，中国所处的这片陆地上的气候条件是颇适宜人类生存的，在寒冷的时候存活下来的人类，阴差阳错就闯入了北美大陆。

⊙气候巨变中的古人类

冰期和间冰期气候差了许多，我们所处的全新世是不是第四纪中的一个间冰期，未来还有一个亚冰期等在前面呢？如果是这样，留给地球人类的并不是一个美好的未来。为了抵御寒冷，高纬度的人要向低纬度迁移，全球的人口要缩减，以适应更少的粮食产出。好在，间冰期和亚冰期都是以十万年为单位的，我们所处的全新世才走过了1万多年。甚至，我们还得庆幸挖出了那么多的煤炭和石油，把地球储存了亿万年的太阳能拿出来燃烧掉，改变了气候变冷的趋势。不过凡事过犹不及，我们当前面临的威胁是全球变暖。

如果气候变得比现在更暖和，又会是什么样的图景？

北京西太行山脚下的周口店，因发现北京猿人而著名，这里是典型的温带大陆性季风气候，夏季炎热多雨，冬季寒冷干燥，对应的植被类型是温带落叶阔叶林。在野外——现在的环境多是人工环境了，放眼所及，树木多为杨柳榆槐，林间是狗尾草、鼠尾草、虎尾草、稗子、藜和苋菜，那些藤状的葎草或茜草四处攀附。当然，这是次生植被，是人类砍伐了原始植被后生长出的过渡性植被，在人类已经彻底改造了大平原的今天，我们很难想象这里原始植被的样子。

考古工作者通过花粉孢子和动植物化石的研究，却发现在直立人出现的某些时代，这里的植被是常绿乔木或灌木与落叶阔叶林相间的植被类型，与长江流域北亚热带气候相当。这里有栗木、榆木、桦木、胡桃、枫杨树、罗汉松、铁杉木等，树木的花粉孢子远多于草本植物，意味着这里森林茂盛。通过山洞里遗留的动物骨骼，动物学家发现，这里曾经生活着鬣狗、剑齿虎、猞猁、洞熊和灵猫等，尤其是，这里发现的竹鼠现在多生活在华南地区。凡此种种，说明了曾经的第四纪冰河期有着比现在还温暖的环境。①

在地势比太行山脚下的周口店高出800米、被誉为“东方人类的故乡”和“东方的奥杜威峡谷”的泥河湾盆地，科学家重建的麻地沟（距今120万年）的古环境的生态特征包括较为密闭的林地环境和较为开阔的疏林草原环境，并以开阔的疏林草原为主导。这里的环境经历着干湿冷暖的季节性变化，整体环境多变。距今120万至70万年前的遗址数量明显增多，多个遗址的环境指标存在较大差异，意味着这一时期气候有比较大的变化；早期人类石器制作在原料选择、剥片策略、精致加工等多个方面显示了多样化的策略，考古学者推断，这是古人类在当地资源和气候波动背景下采取的积极应对方略。②

① 吴汝康，任美锷，朱显谟，等. 北京猿人遗址综合研究. 北京：科学出版社，1985：16.

② PEI SH W，DENG CH L，DE LA T I，et al. Magnetostratigraphic and archaeological records at the Early Pleistocene site complex of Madigou（Nihewan Basin）：Implications for human adaptations in North China. Palaeogeography，Palaeoclimatology，Palaeoecology，2019（9），Vol 530：176–189.

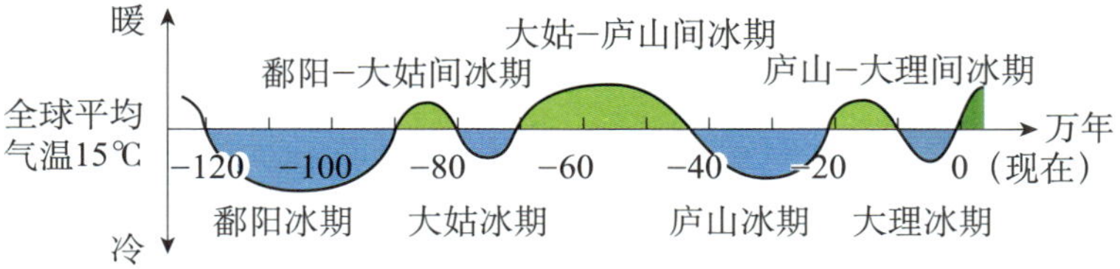

中国东部第四纪冰期温度变化

距今900万至700万年前，人类已经与古猿分离开来，开始直立行走，所以第四纪在人类的成长中，并不是一个分界线意义上的时代。但200多万年的气候大波动，冷热相交，是否促进了人类的适应能力并由此推动了他们的智力水平和组织结构的提升呢？这显然并不是一个容易回答的问题。我们经常提及的是人从古猿分离出来，是因为气候变干变冷，他们不得不从树木上跳下来，适应草原环境，没有了树林可攀附，他们才学会了直立行走，从而解放了双手。但在第四纪的冷暖交替中，他们又学会了什么呢？

据尤瓦尔·赫拉利的说法，人类从渔猎采集发展到定居农耕，一个重要的原因是，距今7万到3万年前的一个基因突变使人类有了掌控复杂语言的能力。[①] 有了长聊的能力，可以八卦几小时，人类就如同开挂了一般，开启了认知革命。身材粗壮、力大又莽撞、所谓“不思进取”的尼安德特人抵御不住智人的攻势而灭绝。

有复杂的语言的加持，有组织能力，愿意协调配合，现代智人于是成了万物之灵、自然界的霸主。由此可见，环境变迁和自身的偶然因素相激发，才给人类带来了飞跃。第四纪冰期中，虽

① 尤瓦尔·赫拉利. 人类简史. 林俊宏，译. 北京：中信出版社，2014：23.

然气候多次转暖，人类却并未提前进入定居农业社会，还是因为先天条件未准备好，一旦先天条件有所准备，气候再次转暖的时候，人类文明就在欧亚大陆乃至美洲全面开花了。

⊙ 迁徙廊道

泥河湾之所以被称为古人类的“圣地”，一个重要的原因是这里有方圆 9 000 平方千米的大湖。[①] 湖泊之于动植物的益处自不必多说，水草丰美，草食动物繁盛，捕食动物也就聚集而来。动物的生活还离不开饮水，河流水源不稳定，有时还会干涸，唯有湖泊，虽有丰枯，却用之不竭。在分析古人类遗迹的时候，离河流水源的距离是一个重要的参考指标。唯湖泊更为稀有，数据有限，所以很少有研究者将其拿出来单独作为环境因子，以作定量化分析。

但以今人的视角，泥河湾古湖的附近还是颇有一些湖泊的，尤其其北部的内蒙古高原上，乌梁素海、岱海和黄旗海都是面积

① 但在气候相对湿润的高山地带，巨型湖泊的长期存续其实是很难的。今日国内的大湖大多存续于低地，鄱阳湖和洞庭湖海拔都很低。美国五大湖存在时间也不长，并且因为尼亚加拉瀑布的侵蚀而后退，很可能在几万年后因溯源侵蚀而湖泊合并，水域缩减。工业化进入湖区前，瀑布以每年约 1 英尺（约为 0.3 米）的速度后退，当大量水流被转移用于水力发电，流过瀑布的水量减少了，又因人为的补救措施，瀑布每十年只倒退约 1 英寸（约为 2.54 厘米）。这是人类工程改变河流侵蚀作用的一个显著的例子。高山湖泊难以延续，就是因为河流的侵蚀作用，河流不断溯源切割，必定打通湖泊与低地间的通道。

颇大的湖泊。当然，古时这些湖泊可能并不存在，但地貌平坦且气候条件相仿的情况下必定会有其他的湖泊。如大同盆地向南，太原盆地古时也是一个巨大的古湖。①

既然附近湖泊并非只有这一处，古人类为何集中出现于此？如果只是偶尔出现还好理解，泥河湾却是200万年来，涵盖旧石器早、中、晚三期，多地层都有原始人遗迹，形成了以马圈沟遗址、东谷坨遗址、侯家窑遗址、虎头梁遗址为代表的遗址群。虽然很难说绵延不绝，却从侧面提示我们，这里是古人偏爱的生活环境，且他们主动选择生活于此。

南京大学地理与海洋科学学院陆莹等研究者对我国95个有独立测年数据的早、中更新世遗址进行时空分布的研究，得出的结论是，这些遗址在泥河湾－周口店、秦岭山地、长江下游及长江流域以南（南方）四大区域呈现出聚集分布的特征；区域古人类活动强度主要表现在从早更新世的泥河湾－周口店、中更新世的秦岭山地到中更新世晚期的长江中下游和南方区域的时空序列上。② 其中最北端的第54个——交界洞遗址，年代也是颇为晚近的。

英国伦敦大学学院考古研究所丁馨等则在关于中国早期人类分布的环境制约因素的研究中发现，中国境内所有已知的旧石器

① 王尚义．太原盆地昭余古湖的变迁及湮塞．地理学报，1997，52（3）：262．

② 陆莹，孙雪峰，王社江，等．早、中更新世中国古人类年代序列与区域演化特征．人类学学报，2021，40（3）：411–426．

时代大部分遗址都分布在季风区内，遗址密度最高的区域为中部地区，并逐渐向东部、南部及华北地区递减。200 万年到 120 万年前，核心区域分为两个，即华北和中部。在距今 120 万年到 60 万年之间，随着华北、华东地区和华南地区遗址数量的增加，中国境内的遗址密集区由 2 个增加到了 4 个。这样的状况或反映了原始人渔猎能力的变化。[①]

人类区别于古猿，就在于离开森林环境来到了半林半草的自然生境，可是，在北半球温带气候下，正在褪去毛发的人类——失去了保暖“措施”的人，却在探索其抗寒能力极限的情况下，尽可能地依赖其能力极限生活，这使我产生了追问的热情。

⊙ 动物大迁徙

以现在的角度看，泥河湾远离江南的富庶，甚至距离太行山下的华北大平原都很远。河谷里种满了庄稼，庄稼以玉米为主，高处种植高粱、小米、黍子和燕麦等更为低产的作物。此行我住在附近灵丘县的酒店里，当时那里正在召开有机食品的推广会。现代农业种植分布中，农人们只是在高山高寒且干旱的地区种植那些小众化的粮食作物，不求有高产量，也不施化肥、不打农药，靠有机特色卖出高价格。

① 丁馨，杜雨薇，徐欣，等. 中国早期人类分布的环境制约因素探讨. 第四纪研究，2021，41（5）：1342–1356.

而那时候的人类还远没有进入农耕社会，第四纪冰河期海平面下降，海洋里的水搬运到了陆地上，除了有大面积分布的冰川和冰盖，还会有众多的湖泊。按理说这里并不是沙漠中的甘泉，更不是戈壁中的绿洲一样的生态环境，多数时间应该是比当前的生态更为寒旱一些的稀树草原环境。在泥河湾的东南方向，桑干河从太行山奔流而下的华北大平原更为暖湿，泥河湾的西北则是广袤的内蒙古高原，各种草原生物生活生长于斯。

其实就如同蒙古人沿着我所描述的大滑梯，从大同盆地一路“滑”到北京，古代的动物也会沿着这条通道迁徙。东南温暖潮湿，西北干燥寒冷，高达千米的落差又加强了这种垂直气候带的植被分异。每年雨季随季风而来，这里在相当短的距离内展现了气候植被的巨大落差，也使得植物在季相上表现出颇大的差异。

如今不少游客迷恋于在非洲看斑马和角马迁徙。赤道横穿非洲，按理说非洲的植物应该呈现带状分布，赤道附近是热带雨林，两边是稀树草原。可非洲又是一个高原大陆，分布着很多高原，东非赤道上的高原海拔超过了 1 000 米。热带雨林的形成，依赖于空气加热上升后遇冷凝结成雨的空气对流，可高原面上的空气不够热，很难形成持续的上升气流。于是，随着太阳一年中在南北回归线间摆动，当赤道低压带覆盖过来，这里是雨季，当赤道低压带离开，这里又是干季。干旱与湿热交替在这里发生，万物也追逐着雨水而繁衍生长。

斑马、角马的迁徙活动，要经过两个国家——坦桑尼亚和肯尼亚，沿 3 000 公里的路线年复一年地做着顺时针运动。坦桑尼亚的塞伦盖蒂大草原应该算是角马的故乡，因为全年四分之三的时间里它们都会生活在这片广袤草原上，只有每年的7月至10月间，才会逐步迁徙到肯尼亚的马赛马拉自然保护区。

在华北大平原与内蒙古高原之间，虽雨热同期，但草原上的生长季显然要比平原短得多，草原上的草一旦长起来，对食草动物是再好不过的美食。天性上，食草动物也有内在的转场生物钟，比如生活于高寒荒漠地带的藏野驴，夏季到海拔5 000多米的高山上生活，冬季则到海拔较低的地方，吃茅草、苔草和蒿类。这就如同牧民放牧，夏季转移到高山牧场，冬季则下山。古时中国这片土地上的食草动物，冬天或许也会向着更低更暖和的平原迁徙。

当然，这都是我个人的推断，暂时还没有看到过有针对古代华北和内蒙古间动物迁移的研究成果。即使没有明显的大规模迁移，大同盆地作为一个倾斜的、滑梯式的盆地，其东西两端海拔不同，离海洋的距离不同，提供了季风气候下显著的降水和温度差异，动物也存在着潜在的追逐水草的迁移需求。

值得一提的是，动物的迁徙并非都是遵循冬天向南向低地、夏天向北向高处的规律，而是以觅食为唯一宗旨。比如北美麝牛，当冬天低地覆盖过厚的积雪，枯草被掩埋，它们会迁徙到地势高的地方去啃食草根。

如今在东非，斑马和角马的迁徙路线上，埋伏着鳄鱼和狮子，这里建立了自然保护区，人类退出了渔猎的竞技场。可在遥远的古代，在桑干河谷的古湖之畔，采集渔猎的人类要伏击迁徙途中饮水的动物，这里恐怕是再好不过的设伏地点了。那次 200 万年前的猛犸象大餐之所以发生，据推测，就是因为大象陷入了沼泽。

不难看出，桑干河谷地就是连接内蒙古高原与华北大平原的生态廊道，古人最早定居于此，也许就是追踪迁徙的动物而来。

即使到了春秋战国时代，那时的人已经步入农耕社会，《诗经》里仍有关于妻子催促丈夫弋射、用弓箭射击迁徙的候鸟的描写。例如，《诗经・郑风・女曰鸡鸣》有："女曰鸡鸣，士曰昧旦。子兴视夜，明星有烂。将翱将翔，弋凫与雁。"

半路设伏是最省力的捕猎方式。古人在进化中一定摸索出了这方面的规律。尽管处于苦寒之地，泥河湾却是理想的狩猎场所。

其实，在渔猎采集阶段，四季分明的东亚大地上，植物的收获密集出现在秋季，冬季、春季和夏季可采摘的果实有限，冬季河湖结冰，捕鱼是非常困难的。

旧石器时代的原始人还没有储藏食物的能力和设施，狩猎以获取动物蛋白质仍是主要生存手段，追踪食草动物并捕猎这些动物是那个时候人类得以繁衍的生存之道。

山西的水系，向南多汇入汾河，再流入黄河。唯有山西北部大同盆地的河流，受到山脉的阻挡一路向东流去，桑干河汇入永定河，成为海河水系的一部分。汾河水系与桑干河水系中间隔着恒山山脉，除了山羊，其他草食动物恐怕没有翻山越岭的，它们更偏爱沿着河谷迁徙。远古的人类可能也是如此。

⊙ 伏击的通道

有一次坐火车，下铺是一位祁连山上的牧人，我向他打听，他们饲养的牛羊夏季要转场到海拔更高的夏季牧场，冬季回到山谷，野生动物是否也是如此。他告诉我，对的，石羊是保护动物，精明得很，也是夏天去高处，冬天回到低处，“石羊是保护动物，我们一点办法也没有”。

他的无奈，却给我带来了狂喜。

丹尼索瓦人化石的出现，以及关于其 DNA 的研究，似乎把旧石器时代人类对寒冷的耐受力的推断指向了海拔更高、纬度更高的高寒地带。丹尼索瓦人遗骨最初在西伯利亚南部阿尔泰山丹尼索瓦洞的古遗址中发现。根据研究者的保守估计，丹尼索瓦人大约在 28.7 万年至 5.5 万年前占据了洞穴，而尼安德特人也在约 19.3 万年至 9.7 万年前出现在洞穴中。中国科学技术大学付巧妹团队在丹尼索瓦人的遗传信息里发现了适应高原生活的基因，可丹尼索瓦洞穴的海拔只有 700 米。后来在我国甘肃南部的白石崖洞中再次发现了丹尼索瓦人的遗骨，这里是青藏高原的边缘，丹尼索瓦人的高原基因派上了用场。

这些山洞多依托于山体，出口面向山谷。每念及此，我便联想到守军伏击山谷中鱼贯而行的行军队伍的画面，关于通道的“脑补”就更生动了。

⊙ 草原边缘

《史前人类简史：从冰河融化到农耕诞生的一万五千年》中，作者史蒂文·米森（Steven Mithen）对中国这片土地的叙述并不多，却多次提到了“迁徙”这一活动。这包括原始人季节性地在山间、峡谷、林地和平原上来回迁徙，同时还包括狩猎采集者依靠猎杀迁徙的马和鹿为生。他提及中国的部分聚焦在长江流域人工驯化稻米的图景。

人类学家王明珂在《华夏边缘：历史记忆与族群认同》里注意到，青海河湟地区齐家文化及紧随其后的新石器遗址中，猪的骨骸急剧减少，取而代之的是羊骨，养羊与养猪，在人类生态上有截然不同的意义。原始农民所养的猪都是放牧的。在自然环境中，猪所搜寻的食物是野果、草莓、根茎类植物、菇菌类、野生谷粒等。这些几乎也都是人可以直接食用的。

故而，当食物匮乏或者人口膨胀时，先民们倾向于养羊。羊拓展了人类对大自然能源的利用范围，那些人类无法直接食用的植物通过食草动物转化为人类的食物。因为驯养食草动物，人类突破了环境的高度限制，以利用河谷上方的高地水草。

这是在公元前 2000 年至公元前 1000 年全球气候干冷化时发生的人类从农耕转向游牧的大转型中的一个具体事件。

发生在相对晚近的人类身上的一幕，其实也可以用于解释更为久远的更新世时期的人类的行为。草原的生产力并不丰富，也就无法承载数量庞大的野生动物。又因为草原地势平坦，动物们为适应平坦的地势进化出奔跑的本领，人在草原上是难以狩猎的，这也是草原上很少有原始人遗迹的原因。扼守在草原通往低地平原的通道上，于是成为古人类向草原讨要食物资源的绝佳生存方式。

⊙ 原始人的“内卷”

为什么人类不稍稍后撤，到更暖和的地方等待迁徙的动物到来呢？这个问题其实很好回答。总会有一些人会去前面埋伏，故而，猎人们只有不断尝试突破自己的抗冻极限。或许这就是原始人的“内卷”吧。

这使我想起了生态位的概念。在生态学中，生态位是指在生态系统和群落中，一个物种与其他物种相关联的特定时间位置、空间位置和功能地位。这个位置也就是食物链的环节上其他物种难以与之竞争的位置，并使物种得以繁衍到极限。当然，生态位并非都完美优越，有时候也有让人难以想象的艰辛和危险。天下之大，再低劣的生境也有物种占领，比如生活在北极的一种鸟类藤壶鹅。你或许看过藤壶鹅幼鸟跳崖的视频，那些毛茸茸的小生灵刚出生就面临着生死抉择，要从悬崖上跳下去。这就是达尔文式生存竞争的一种表现。为了躲避天敌，藤壶鹅把蛋产在了悬崖峭壁上，这样至少在孵化阶段不会受到天敌的袭扰，但小鸟一出生就得舍命相搏了。

在南极，动物们也是在“好勇斗狠”，比谁更能够忍耐南极的寒冷与暴风，帝企鹅完美胜出。可这种胜出是以折磨自己的身体为代价的，零下三四十摄氏度的寒风中雄企鹅要一动不动地站立着孵化企鹅蛋。通常鸡的孵蛋周期是 21 天，帝企鹅则要花费鸡的 3 倍时间，原因之一是这里温度太低了，帝企鹅拼尽全力，也只能使孵化温度达到 36℃，而一般鸟蛋的孵化温度是三十七八摄氏度。

南极还有一种“内卷动物”威德尔海豹，为了躲避陆地上的寒冷常年生活在水下，可它们是哺乳动物，是要呼吸的，于是就要拼尽全力在冰面上维持一个呼吸孔：每次上来呼吸的时候，它们要用牙齿在冰面上啃咬撞击，尽可能地抹削去新冻上的冰层。如此辛苦地活着，使得威德尔海豹的寿命比其他品种的海豹短了一大截，通常海豹能活 20 岁，威德尔海豹平均寿命只有 8 岁。

这或许也应该称为动物界的“内卷”吧。

而人类的“内卷”，更多地表现在他们对生存环境的拓展。他们从热带雨林来到热带草原，再来到温带环境中，甚至要探索对寒冷的耐受力，终于摸索出来一系列的解决方案。

第五章

冰川连绵

泰山、五台山、太白山、祁连山，依次西行，地势渐高，以米计，主峰海拔从 1 000 多米到 2 000 多米到 3 000 多米到 5 000 多米。地势越高意味着越寒冷，也就越有截留高空大气中水汽的潜力。那些因地势形成的“水塔”，给山下的古人提供了稳定而丰富的水源。

⊙ 千秋雪

2023年9月，我坐上火车一路向西，目的就是去看雪。9月看雪，是不是太早了？实际上是太晚了，我想看的是终年不化的积雪——即使在盛夏也存在的冰川上的雪。终年不化，即“千秋雪”，杜甫诗“窗含西岭千秋雪”中的雪。从成都郊外的杜甫草堂，抬眼就能望到终年不化的雪山，杜甫的诗作是否带有浪漫的文学夸张与想象？或许是，也或许是事实，这正是我想探究的一个科学问题。

从成都市区遥望雪山

成都西面80公里处，远眺能够看到的雪山是大雪塘峰，号称

“成都第一峰”，这里现在被称为西岭雪山，得名于杜甫的诗句。大雪塘峰最高海拔 5 364 米，按理说是足够冷的，但冰川的存在关键在于山顶降雪，当雪积累到不堪重负而向下流动，山顶被流动的冰雪磨蚀变得尖锐而成角峰，故而山峰往往陡峭。若非山脊下的平缓地带也达到一定高度，则第四纪冰期残留下来的孤峰也难以存雪。夏天的大雪塘峰很少能见到雪。

若要看千秋雪，似乎更应该去距离成都 120 公里的四姑娘山，其主峰海拔 6 250 米。按照海拔每升高 1 000 米温度降低 6℃的规律，即使夏天最高温时，这里温度也在 0℃左右了，尤其是阴坡，更能存住雪。盛唐时期，气温比现在还高，杜甫若远眺，以千里眼的目光看到的雪或许是这里。如今的成都是人口超过 2 000 万的超大城市，高楼鳞次栉比，夏日里一场大雨之后天空碧空如洗，

四川盆地以西雪山连绵

是登高望远的最佳时光，从高楼上远望，雪山连绵的景象让人陶醉。国内能看见雪山的特大城市只有成都和乌鲁木齐两个，仅凭肉眼便能看见多座极高山的千万人口级的大城市则只有成都一个。

中国的地势大致分为三级台阶，川西的大山属于横断山脉，是最高一级的台阶青藏高原边缘的南北纵向山地。青藏高原地势高耸，高原面多在 4 000 米以上，其边缘的山地被挤压出山岭和河谷，山脉的主峰高耸于谷地之上。横断山脉的最高峰、大雪山主峰贡嘎山海拔 7 556 米，是四川第一高山。从成都向西进入横断山脉后，雪山景观便目不暇接了。

第四纪冰期之后，我国大冰期残留下来的冰川全部汇聚于青藏高原及其周边。我国最靠近东部的冰川是雪宝顶冰川区。雪宝顶位于东经约 103.5°，比贡嘎山偏东约 2°，它是横断山脉最东边岷山山脉的最高峰，最高处海拔 5 588 米。如此高的海拔，又更为靠北，使其气温要比大雪塘峰低，四川盆地饱含水汽的空气流动到这里上升、凝结，降落成雪，雪一层一层被压实成冰，从高山上流动下来，吐出冰舌。雪宝顶的冰川共有八条，保留在海拔 4 500 米的山上，面积并不大，还不到 3 平方千米。

⊙ 冰雪融水

我的同事、摄影师黄宇曾经给我讲过他去新疆采访的经历。在雪山脚下，他们早晨出发，过一条小河，水流不大，汽车一踩油门就过去了，行人踩着河面上的卵石，几步就过河。可中午再回来，小河淌水变成了大水激流，人和车都过不去了。到了夏天，太阳灼烤着冰雪，中午和下午融化加速，晚上减弱。游客们感叹这里的气候是“早穿棉衣午穿纱”，冰川的感受和人是相似的。从冰川淌下来的河流不仅表现出季节性，在一天之内，也是晚上干涸、白日奔流。

高山在山顶捕捉大气中变幻莫测的水汽，再以极端确定的方式反哺大地，这真是大自然奇妙的水循环。当我感叹在死海边严酷的气候中，因为恒定的泉水诞生了人类第一座城市耶利哥的时候，也在找寻另一种规律性的水源。这种定期出现的水源非冰雪融水莫属，它虽没有死海边泉水一年四季终日不息地流淌那么稳定，但在植物生长的季节却是极其规律，且供应充足的。而刚刚步入农耕时代的原始人类靠天吃饭，他们所期盼的最佳天气组合恐怕不是季风气候下的疾风暴雨，而是远在内陆的风调雨顺，荒漠流淌着泉水，且水源稳定。

关于今日之中国人口分布，有一条斜穿整个国家的假想的分界线无形中掌控着局面，这就是地理学家胡焕庸发现的瑷珲－腾冲线，也被称为胡焕庸线。这条假想的分界线，从东北边境的黑龙江省黑河市（旧称瑷珲）一直延伸到西南边境的云南省腾冲市，大致为倾斜 45 度直线，将中国人文自然地理版图一分为二，划分出了中国人口在区域上的分布，体现了中国人口东南和西北的区域分布之悬殊差异。胡焕庸 1935 年提出这一发现，按他当时的计算，线以东的东半部面积约占全国的 36%，而人口却占全国的 96%；线以西的西半部面积占全国的 64%，而人口仅占全国的 4%。

对照地图不难发现，上文提及的雪山分布区域无不落在胡焕庸线西边，即人口分布稀疏的区域。并非只有青藏高原和新疆的广阔高山沙漠分布于胡焕庸线以西，中国新石器时期许多著名的文化遗址也是位于胡焕庸线西边的，其中就包括著名的甘青地区新石器文化——甘肃和青海的新石器时期人类遗迹。显而易见的是，在上古时期，若以此分界线划分，人口的分布绝不是 96% 与 4% 的悬殊关系。

⊙ 秦人腹地

中国早期的新石器文化距今 1 万年到 7 000 年间，那是一个农耕肇始的时代，稻米、黍和粟开始种植以及鸡和猪的驯化都发生在这一时期，可目前发现的遗址并不多，更没有仰韶时期犹如满天星斗那样的繁荣分布。其中以黄河中下游裴李岗文化和磁山文化最为典型，另外就是陇东秦安的大地湾文化了。

穿过茫茫陇山，火车来到了甘肃东部，俗称陇东，这里的气候和我们印象中的甘肃迥然不同，也和它所处的黄土高原没有一点相像之处，到处都是绿树和草地，冬暖夏凉，瓜果飘香。陇东的中心城市天水有一个响当当的称号，叫作“陇上江南”，甘肃人争相来这里居住生活，生生把这里的房价抬高得比肩省会兰州。历史上秦人为周天子养马的地方就在甘肃与陕西两省交界的关山一带，秦先祖因给周天子牧马有功，被封邑于秦地——今天天水一带，至今天水不少地名都和秦有关，如秦州、秦安和秦岭。

天水气候宜人，得益于它位于一个重要的气候过渡地带——我国季风区和非季风区的分界线，由东北向西南大致为大兴安岭—阴山—贺兰山—巴颜喀拉山—冈底斯山。如果不在青藏高原的南部拐弯，这条线几乎与胡焕庸线平行，也与我国的400毫米等降水量线大致相等。当然，天水位于这些气候和宜居分界线的东面，却去之不远。天水紧挨着关中盆地，地势却陡然升高，秦岭和六盘山挡住了天水向东的门户，两山之间却开出一条水汽通路，渭河又在这里冲出了一道宽阔的河谷。

天水麦积山石窟

甘肃是一个被高原包围着的狭长的地带，处于中国三大高原青藏高原、内蒙古高原和黄土高原的夹缝之间，集齐了除海洋外几乎所有的地貌类型。天水则地处黄土高原和青藏高原的连接处，天水南面即是横断山脉最东的余脉，那里有岷山主峰雪宝顶，有大美不可方物的九寨沟，还有沼泽与冻原交织的若尔盖高原。天水地势远比若尔盖低，又比关中盆地上了一个台阶，正处于水汽爬升和气候过渡的通路上，进退皆宜。秦人在这里打牢基本盘，再下山巩固势力，周人也崛起在附近的庆阳，陇东以农牧皆宜的自然环境，成为秦汉之前中原王朝重要的倚仗之地。

近年考古工作者对甘肃庆阳南佐遗址的发掘中，先后发现了我国同时期室内面积最大的单体建筑、制作精湛的陶器和大量炭化水稻遗存。这是距今五千年左右的仰韶晚期至庙底沟二期的高等级大型聚落遗址。水稻的发现无疑证明了当时具有水泽淤积、适合种植水稻的环境，至少是局地小环境。不过，数以百万粒计的炭化水稻发现于祭祀区域，相应地，粟、黍数量极少，反之在“宫城”其他区域则绝大多数都是炭化粟、黍。对此，南佐遗址考古发掘项目负责人、中国人民大学韩建业教授的解释是，黄土高原农业本来就以粟、黍为主而少见水稻，以珍贵的水稻献祭神祇祖先，应当是礼制的反映。而如此大规模、高等级的祭祀行为，更从侧面证明了 5 000 年前黄河中游社会结构的发达。

季风环境其实并不利于农耕社会的平稳运行，雨水降于冷暖气团交接的锋面，并不固定，且以汛期的暴雨为多，对于庄稼生长并不利。可关中平原除了受到夏季来自太平洋的水汽的影响，还在秋季接收到来自印度洋的绵绵水汽，是为华西秋雨。和西安类似，天水的秋令雨常常一下便是数十天，丝丝脉脉、缠缠绵绵，虽庄稼入秋停止了生长，可雨水相对均匀，润泽万物，滋润土地，对古人的生活是利大于弊的。

⊙ 大地湾

当我从天水秦安的火车站下了火车，只见一条河从站前蜿蜒流过，城市建设在山谷中，远处山峦起伏，这条河即葫芦河，是渭河的一级支流，在天水附近汇入渭河，而大地湾的先民们曾经饮水的清水河，又是葫芦河的支流。去 50 公里外的遗址，先要穿过乡村小镇，再走国道和乡道，来到一处开阔的山谷。

原始人择地而居时，首先要有水源，大地湾遗址坐落在曾经的清水河南岸的二、三级阶地相接的缓坡上。

与其他的早期新石器文化相比，大地湾遗址的不同之处就在于它跨越了大约 3 000 年的时间，若以我们熟悉的历史时期作比，相当于从周朝到现代了，而其他的文化遗存能够延续千年的都不多见。

优越的气候条件，或许是文化绵延不绝的重要因素。人类进入农耕定居状态，聚落而居是前提条件，有些地方水草丰美，适合耕种，自然也就适合定居，可能否居住得长久，则要看气候是否稳定。后来，到了新石器晚期，原始人的村落边挖出了壕沟，除了防止野兽偷袭，也是为了抵挡异族的进击，那时候的迁移多了人与人竞争的因素。不过在新石器的早中期，人类的数量远没有逼近环境承受的限度，村落是否迁移，我想主要看天气等自然因素。

从郑州到西安一路向西，我从新闻里、从出租车司机的谈话里感受过郑州夏日的倾盆暴雨，从杜甫的诗里被西安的连绵秋雨打动，到了陇南的小江南，就很想比较一下这三个同纬度区域的降水状况。于是不出所料，越靠东则暴雨越多。到了内陆，华西秋雨反而把一年里的降水平均化了。总体而言，西安的降水并没有因其地处内陆而比郑州少，且更为均匀，陇南也如此。

⊙ 苦瘠之地

天水的地利只维持在很小的范围内，自天水继续西北行不过两百余公里的定西，已经是左宗棠笔下的天下苦瘠之地。话说1876年，时任陕甘总督的左宗棠前往新疆平叛，经过陇西、会宁，到达安定，沿途是一望无尽的黄土，看到定西人艰苦的生活后，他给光绪皇帝上书："凋耗殊常，陇中尤甚。弥望黄蒿孤城，人间阒寂……陇中苦瘠甲于天下。"

这里地势更高、更远离水汽，处于黄河两大支流渭河与洮河的分水岭，举目望去黄土连天，沟壑纵横，植被稀疏。当地人都诉说着20世纪80年代联合国教科文组织的专家曾认为这里不适合人类生存，不过是作为反面例证。近年来陇中高原的农人们通过种土豆以及种一种作为药材的菊花脱贫致富。定西的苦还催生了另一件让当地人骄傲的事情，那就是学子的苦学。会宁是甘肃的高考状元县，学生们以常人难以想象的毅力考试升学，走出黄土大山。

如此苦瘠之地，却孕育出了甘青文化中最重要的一支——马家窑文化，也是奇迹。马家窑文化是继大地湾文化后甘青地区散布最广的新石器文化，以最初在定西临洮县马家窑发现而得名。马家窑文化东起陇东山地，西到河西走廊和青海东北部，北达甘肃北部和宁夏南部，南抵甘南山地和四川北部，但最核心的分布范围为甘肃境内的黄河支流渭河和洮河流域。这里大多数地区年降水不足 400 毫米，年蒸发量却超过 1 000 毫米，降水入不敷出，属于半干旱地带，中国妇女发展基金会曾在这里推行“母亲水窖”活动。人们千方百计收集雨水，水源之宝贵，以至于一瓢水先要洗菜，才能洗脸，再用来浇地种菜。干旱、土壤瘠薄，加上还没有灌溉技术，古人又不会打井，靠天是很难吃上饭的。

但若和远在欧亚大陆另一端的沙漠中新月地带文明的繁盛作对比，马家窑文化的繁荣似乎也不能称奇。马家窑村位于洮河畔，若仅从大的地理位置上看，这里更接近内陆，水汽被黄土高原遮挡，山谷里降雨更是稀少。既如此，临洮何以独特？原因就在于洮河发源于青藏高原，河源处海拔 4 000 余米，降雨多蒸发少，为洮河提供了主要的水源。黄河各支流中，洮河年水量仅次于渭河，居第二位。上游的洮河坡降大、水流湍急，还是 U 形河谷，是冰川塑造出来的河谷地貌。流入黄土高原后水流趋缓，泥沙沉淀下来，故有“千里洮河富临洮”的说法。

高原降雨多是地形雨，水汽上升而凝结成雨，降水较少受到季风流动的影响，稳定且持续。如此看来，偏居黄土高原与青藏高原交会处的洮河谷地，降水不多，杂草和树木不至于疯长，而流水不断，气候更为稳定，也更适合古人定居农耕了。

⊙ 彩陶巅峰

陶器是判断新石器时期人类发展水平的重要线索。最早的彩陶出现在哪儿？浙江金华的上山文化和大地湾文化所在的文管部门都宣称自己是第一。不过，主持过大地湾遗址发掘工作的郎树德承认，浙江上山遗址的彩陶是将近 1 万年前的彩陶，跨湖桥遗址有将近 9 000 年的彩陶，比甘青地区乃至西北地区要早。浙江彩陶是白彩，红色陶器上有一些点线纹，还有一些类似的太阳纹。但那里的彩陶延续时间却不长，原因我们会在关于海岸线的章节中进行探讨。

大地湾发现的最早的彩陶，是西北地区乃至中原最早的。仰韶文化有由东向西迁移的过程，可最早的彩陶却出现在西部，可见就文化的起源而言并无明确的脉络。大地湾最早的彩陶具有技术发明初期普遍具有的原始和粗糙的特点，质地比仰韶文化的疏松，色泽也不均匀，全是小片，发掘人员形象地称之为“酥皮点心”，经实验室测定，年代约为 7 300 年到 7 800 年前。这与世界上最早出现彩陶的两河流域几乎是同步的，也就否定了彩陶的“西来说”。这些陶片使得大地湾在新石器文化中的地位更加突出了。

彩陶在国内的传播路径有多种说法，可在艺术成就上，甘青地区是达到了巅峰的。大地湾的人面少女彩陶罐，在甘肃省博物馆被作为镇馆之宝展览，可惜因为发掘后没有第一时间交与文管部门，少女的一只耳朵残缺，这件优美的人面彩陶没被评为国家一级文物。马家窑彩陶巨大的器形、繁复的花纹、多变的形式，走出了从具象到抽象的艺术提炼过程，后期的旋涡纹奔放热烈，艺术上炉火纯青，而渔网等从日常图案抽象而来的格子纹，也颇有现代色彩。考古学家王仁湘在“三联中读”上开设了与彩陶相关的课程“了不起的彩陶”，他提出甘青地区的彩陶是一脉相承发展下来的，从大地湾出现彩陶，到仰韶、马家窑，有着完整链条，彩陶在这里的发展最繁荣，传统延续最久，是彩陶发展的一个重要中心区。马家窑彩陶陶质坚固，器表细腻，红、黑、白彩共用，线条流畅，图案复杂多变，到了后期风格繁复瑰丽，郎树德称之为“彩陶艺术的巅峰”。

到兰州市博物馆参观彩陶展览，我感受最深的是马家窑人对水的描写。马家窑文化分为三期，早期的彩陶罐上，几乎全都是水纹，当然也可以称之为线条纹样。线条交织错落，成组成束，在器物的表面组成变幻莫测的图案，让人联想到溪流里的流水，时而倾泻，时而阻滞，水面上展开了千姿百态的纹理。这里有一件彩陶，是国家一级文物，上面有一个鱼形的图案，比较具象，像一条娃娃鱼，负责解说的志愿者把它和天水一带的女娲崇拜联系起来。

彩陶的纹饰最初来自大自然，有鸟纹，有鱼纹，早期水纹占了一大部分，这让我联想到，这里当年的生态是否如杜甫笔下的成都平原，抬头能看到雪山，眼前则是一条大河奔腾而过？当然，这只是猜测。在马家窑晚期，也就是气候突然转冷的约 4 000 年前，彩陶罐上出现了像青蛙一样的纹饰，志愿者的解释是，青蛙属于两栖动物，可以自如地穿梭于河流与岸上，这寄予了人类对旱涝、对水源变幻莫测的恐惧和对安定生活的希冀。

到马家窑中期，陶罐越来越大，出现了很多盛装粮食的器物，甘肃省博物馆馆藏最大的一个陶罐有半人高，底部非常小，肚身硕大，这被解释为是功能性的，是为了粮食防潮，这使我联想到那时候的甘肃要比现在湿润得多。在山东的城子崖龙山文化遗址，那里的黑陶罐也是大腹窄底，考古学家也公认是为了防潮。可今天，山东和甘肃两地的气候有天壤之别。

除了甘肃，青海的彩陶也是颇为发达的。1973 年大通县湟水支流北川河的台地上，出土了一件内壁绘有舞蹈纹饰的彩陶盆，展现的是 5 000 年前人们手牵着手，围成一圈跳舞的情形。而现在那里的人最爱跳的舞蹈是锅庄，围在篝火旁翩翩起舞。湟水流域柳湾遗址还有一件让今人“面红耳赤”的男女同体彩陶壶，是迄今为止国内考古发掘出土的原始彩陶中最早的浮雕人物彩陶壶。壶腹的一面，以浮雕加彩绘的手法堆塑了一个正面全裸站立人像。人像的生殖器官既有男阳的特点，又有女阴的特征，被解释为古人的生殖崇拜。

柳湾遗址海拔 1 950 米，舞蹈彩陶盆发现于海拔 2 300 余米的

以大地湾四期为代表的仰韶
晚期遗存，主要分布于甘肃
及东南部，距今约5500——
年左右。秦安大地湾、庆阳
、礼县高寺头等中心聚落遗
及大型礼仪性建筑的出现，
这一地区文明因素逐步走向
。包括甘肃东部在内的泾渭
仰韶文化是中国文明的主要
之一。这一时期，中原地区
彩陶迅速衰落，甘肃彩陶数量
也大幅下降，但仍占陶器的5
16%，且图案比中期繁多，技
更为成熟。色彩有黑红两彩，
黑彩居多。最常见的纹饰母题
弧边三角纹、圆点或圆圈纹、
网纹、网格纹等，还有极具特
的鲵鱼、蛙、犬等象生性图案
期彩陶对后续的马家窑文
了巨大影响
in the eastern and southeastern
The emergence of central settlement
with large ritual buildings such as th
Dadiwan site in Qin'an, the Nanzuo si
in Qingyang, and the Gaositou site
Lixian county undoubtedly indicate
the appearance of more complex soci
structure. This means the Yangsha
Culture in the Jinghe and Weihe Riv
valleys including the eastern Gans
have been one of the majo
of Chinese civilization. Durin
painted pottery in Shaan
Central Plain had decline
Nevertheless, although it
decreased sharply, painte
still occupies 5 16% of th
pottery in Gansu. More skillf
painted with both black an
found on pottery of th
asic elements of paint
ude dots, circles, straigh
nes, arc side triangle
designs. There a
mal motifs such as th
the frog and th
were painted inst
ted pottery of th
to the Majiaya

马家窑文化彩陶

地方，古人很早就在今天我们所认为的苦寒之地聚族而居。那么，在当时人少地多、新石器人类有着充足选择的情况下，高海拔又有着什么样的资源奖励呢？德国人类学家曾发现，埃塞俄比亚南部的贝尔山脉海拔约 4 000 米，是一个相当不适宜居住的地区，可大约 4.5 万年前，人类就在那里生活了。那时候的高海拔地区，反而更为宜居。

⊙ 雪山和绿洲

经过了一夜的小雨，我终于看到了雪山，那是在有河西走廊门户之称的武威。这里号称凉州，但武威的海拔并不比兰州市更高。汉武帝改雍州为凉州，并在武威设凉州刺史部，统御整个大西北，武威之凉，来自彼时汉人对西北的寒凉印象。话说一夜小雨后，一抬头，忽见远山上白雪皑皑，熠熠闪光，并且只是在一个山头的一片冰雪。连忙去问当地人：这是不是就是雪山？平常看不看得到雪？得到的回答却是并非雪山，5 月以后的夏天看不到，现在到了 9 月，河西走廊上下雨，山上就是下雪了，一会儿出了太阳，雪就该化掉了。

祁连山上也有冰川，但那是很高的地方，海拔得超过五千米。我在祁连县的八宝镇上见过山峰上的冰雪，那是 7 月份，一年最热的时候，全球变暖，冰川向更高处退却，但冰雪仍在。祁连山高大的山峰上雪峰连绵，面积加起来在上千平方千米以上。河西走廊就是靠着祁连山冰川融化的河水才孕育出了绿洲，古人借助绿洲，在河西走廊中穿越，一条丝绸之路由此延伸开来。

一路向西，河西走廊时而满眼弥望的玉米，时而荒芜，沙丘与戈壁连绵着，从走廊一侧的祁连山延伸到另一侧的马鬃山。这条走廊并非一直都是绿洲铺展的，而是河水流到哪儿，哪儿就有了绿色。绝大部分的河西走廊属于内流区域，这意味着冰雪融水流不出陆地，流着流着就蒸发或渗透殆尽，戈壁荒滩于是重新占领了廊道中的土地。到了新疆，土地变得更加干燥，戈壁滩上寸草不生，但仍保留着被水流冲刷出来的痕迹。大大小小的石块散落在土地上面，石块是黑色的，土地是黄色的，让人联想到大风来时飞沙走石，只有重的石块留在大地表面，而被大风吹起来的黄沙，大的颗粒落在了黄河几字形河道西岸的腾格里沙漠、巴丹吉林沙漠，小的颗粒飞得更远，落在了几字湾内，形成了黄土高原。在地质学界，被誉为“黄土之父”的刘东生院士证明了第四纪寒冷气候到来时黄土开始堆积，国际地质学界也认可黄土高原形成是第四纪开始的标志之一。黄土开始堆积的时间与真马从美洲进入亚欧大陆的时间都是大约260万年前，堪称一对完美的地质年代标志牌。

而黄土高原上，那些定居下来的人类第一代工匠用于制作彩陶的泥条却是第三纪，也就是更古远的时代大自然送给人类的礼物，那是在湿热的环境中形成的土壤，在冰河时代到来之前，这片土地曾经相当潮湿和温暖。有人形容大地湾遗址一边是黄土一边是红土。村民们雨天走红土地时容易摔跟头，因为红黏土又黏又滑，那是260万年前的大自然在和我们开着玩笑。[1]

从吐鲁番到乌鲁木齐，总算看到了泛着天光的湖泊，可眺望天山的视线，却总被铁路边的水泥墙挡住。我问邻座为什么要建水泥墙，他指了指列车上的速度显示——120千米/小时，“这个速度，要是来了大风火车会翻的”。但我不死心，还是想尽办法眺望天山，终于看到了白皑皑的山顶，却拿不定那是云彩还是冰川。邻座一位维吾尔族小伙子很肯定地告诉我，那是白雪。“我们这里全年都能看到雪，我们吐鲁番的坎儿井，就是从雪山引来的水。”他说。

冰川带来丰沛而稳定的水源，内陆云量少、阳光灼热，水和阳光加在一起形成了绝佳的农耕条件，如今的新疆采用节水技术种植棉花，棉花田连绵在天山脚下，一眼望不到边。茫茫戈壁中，那棉花田像神迹一样，突然就出现了，方方正正的，和荒野界限分明，仔细看，原来棉田里面布满了滴灌用的黑色塑料管，管子铺到哪里，哪里就有了绿意。走在乌鲁木齐的大街上，会看到行道树、路边的花坛，蹲下身看，草丛下面也都是滴灌的管子，内陆边疆以现代化的滴灌技术增加了荒野里的绿色。但古代呢？因为用水效率低，人们只生活在自然水源的周围，后来有了坎儿井，种植范围拓展了，但人口的增长其实是有着严格的自然限度的。

天山和阿尔泰山这两座山都是东西走向的，又都微微倾斜，

① 刘畅. 从洮河到陇东：马家窑与仰韶的互动. 三联生活周刊，2021（40）：86-95.

伊犁河谷

形成一个钳子一样的山谷，这就是伊犁河谷。河谷的开口向西，正好承接西风带的风，西风带来大西洋、地中海的水汽。伊犁河谷是新疆水资源最充沛的地方，年平均降水量超过 400 毫米，山区约为 600 毫米，伊犁河每年形成径流超百亿立方米。新疆的森林草原景观、壮美的河谷地貌均集中于此，9 月份这里已经开始降雪，10 月 1 日天山上的雪场正式开滑。

这里的赛里木湖是新疆海拔最高、面积最大的高山湖泊，清澈寒冷，孤悬于高山峡谷之间，号称“大西洋的最后一滴眼泪”。来自大西洋的暖湿气流最东只能到达这里，最终被高大的天山山脉阻挡形成降雨，汇聚为湖泊。

⊙ 第四纪冰川之惑

赞叹内陆荒漠中如同海市蜃楼一样突然冒出来的自然美景之余，我的思绪回到了中原大地，那里是否也曾经遗留着来自第四纪盛冰期的冰雪，并滋养了全新世人类的农耕生活呢？中国第四纪冰川研究的开拓者是李四光，他曾在太行山东麓和大同盆地首次发现第四纪冰川遗迹，其最具标志性的发现是，他认定庐山众多奇特的地貌景观是第四纪冰川雕琢的“杰作”。他先后出版了《扬子江流域之第四纪冰期》和《冰期之庐山》等著作，指认了100多处重要的冰川地质遗迹，这是中国学者首次在低纬度、低海拔地区发现冰川。

如果位于长江中下游地区，且海拔仅千米的庐山都有冰川，那么中国北方的山岭乃至平原间一定也具备冰川形成的寒冷条件。在北京西郊西山脚下，石景山区的模式口大街上有着亚洲唯一一座建立在第四纪冰川遗迹上的自然科学类博物馆——中国第四纪冰川遗迹陈列馆，这里的冰川遗迹是冰川擦痕，附近的八大处也有冰川遗迹。李四光的发现推翻了西方学者“中国东部无冰川”的论断。

但20世纪80年代以施雅风为代表的新一代的地质学者，却对中国东部冰川的存在持否定态度，他们认为庐山上的冰川漂砾和冰川擦痕是泥石流所为。[①] 中国强烈的季风气候使得冰雪难以堆

① 施雅风. 论李四光教授的庐山第四纪冰川是对泥石流的误读. 地质论评，2010，56（5）：683–692.

积，夏日的高温和多雨并行更不利于水在陆地存蓄。国际地质学界也普遍相信，第四纪北美和欧洲大陆有巨大的冰盖覆盖，中国东部乃至青藏高原则没有形成统一的、广域的冰盖。当然，没有冰盖，不意味着高山上不存在冰川，中国东部从北到南仍有很多高耸的、独立的山峰，如大兴安岭南部、五台山、神农架以及更深入内陆的贺兰山和秦岭主峰太白山等。

今日有徒步者在秦岭上穿越鳌太线，在他们赞叹的美景中，很多是冰川刀劈斧凿出的痕迹。那里有巨石角砾堆积的石海、石瀑布，有以大爷海、二爷海为代表的冰斗湖，还有三爷海、玉皇池等冰蚀湖，太白山主峰则是冰川从四面磨蚀出来的角峰。此外，这里的山谷也多是冰川摩擦形成的 U 形大槽谷。可以说，一次秦岭鳌太线徒步，就是一场冰川博物馆之旅。那些独特的地貌完整地记录了冰川形成、冰川运动、岩体侵蚀、岩石搬运、泥砾沉积的全过程。

可现在它们都是遗迹了，全新世温暖的气候环境下，大陆冰盖在 5 000 年前全部融化，更不用说那些孤立于中原大地之上的山体冰川了。可我仍不死心，四处搜寻典籍，想看到有文字记载的时代里太白山的模样。直到搜到了南北朝时期郦道元在《水经注》里写的，“太白山，南连武功山，于诸山最为秀杰，冬夏积雪，望之皓然”。南北朝是一个寒冷期，高山上有积雪似乎正常。柳宗元是唐朝人，唐代却是历史上著名的温暖期，他在《太白山祠堂碑》里写道：“雍州西南界于梁，其山曰太白，其地恒寒，冰雪之积，未尝已也。”这些古人的观察都指向了一个事实：太白山终年积雪。这就意味着即使到了历史时代，秦岭脚下的关中平原也得到了冰雪融水的眷顾。周人与秦人均发迹于此，是否也因为雪山的帮忙呢?

其实，即使没有冰雪融水，按今日的观察，全球变暖与西北的暖湿化似乎也是联系在一起、有着因果关系的。全球暖化，海水蒸发得多了，西北冰雪融水多了，都给广阔的内陆地区带来了湿润的天气，而那里的古人类也正是借助全新世的温暖进程，在内陆繁盛起来的。

第六章

海岸带的危险和机遇

当我们担心全球变暖、热带珊瑚岛会被淹没的时候，可以想一想，11 000 年来海平面已经上升了 50 米，18 000 年来则上升了 130 米。

⊙ 变换的海岸线

这是 2021 年“双 11”过后的第一天，我坐飞机去杭州，似乎坐的是一架网红包机，妆容精致的小姐姐和高鼻深眼的外国小哥哥挤满了机舱。当然，这样形容也有点夸张，只是在去往其他地域的飞机上似乎很难有这样高的平均颜值。她们涂着指甲油，纤细的手指在手机屏幕上弹跳着。一个女孩的手提袋掉落，地上散落着口红、眼霜、护肤霜等化妆用的小零碎。一阵忙乱后机舱里安静了，我们从北方的干冷模式飞向江南的湿润模式。这次乘坐的是海航航班，空乘穿着有热带岛屿特色的旗袍。

很难想象这样的景象会发生在几十年前。可千百年来江南对于这个国家的确是温柔富贵乡一样的存在，这片土地，在全新世开始前还远离海岸线，后来海水不断上涨，逼近它，甚至淹没了它。再之后，曾经沉没在海里的土地，因受到长江和钱塘江泥沙的滋养逐渐从海底生长出来，海岸线渐次从扬州、镇江一线一步步向前推进到上海。这里雨水充沛，土地肥沃，逐渐成长为对整个国家都有着举足轻重意义的大粮仓。但鱼米之乡的美名也非一蹴而就获得的，其间充满曲折。

在杭州市区的西北方向，浙西丘陵与杭嘉湖平原的接壤地带，有一片面积广阔的遗址公园，那是良渚古城遗址。坐落于中原之外的良渚，其名字的字面意思就是美丽的小洲。先人们临水而居，在与水的相伴相生中，进化出了发达的生产生活状态。这是中华文明史上浓重的一笔，近年来其重要性甚至超过了北方的众多考古发现。

夏商周断代工程中，学界曾困扰于西方关于文明的标准。标准共有三条，包括文字的出现、金属冶炼技术的发明和规模化的城市建设。如果按照这三条，甲骨文最早可追溯到公元前 1700 年，我们有记录的中华文明不到 5 000 年。考古发现显示，在公元前 3000 年以前，中国的新石器文化如满天星斗般散布于中华大地各个角落，但能够提炼成文明的似乎没有。直到在长三角的杭嘉湖平原和钱塘江下游冲积平原发现了良渚文明，无论是城邦的规模和水利设施的精致，还是发掘出的打磨精美、纹饰复杂的玉琮，都显示出那里的先民已经达到了高度发展的文明状态。由此，我们可以自豪地宣示中华民族有 5 000 年的文明史。

良渚遗址显现出来的是人类在湿润气候中改造自然的一次尝试。古城有九座城门，其中八座是水城门，古城之外是望不到边的稻田。考古工作者在良渚城外发现了一套完整的水利系统。先民们用稻草包着泥土修造水坝，获得了坚固耐用的坝体。高水坝和低水坝配合使用，既能拦截洪水，又可以把流水截留存蓄，5 000 年前良渚人的水库能装下好几个西湖的水资源。有了一道道水坝的保护，城池外形成了上百里的良田。良渚的水利设施在同时代的各种文明中，无论是规模还是设计之巧妙，都是一骑绝尘。

如今的长三角虽然水镇一个连着一个，河湖广布，但因为工业文明的改造，凡人居之处土地均已经夯实，河流也被束缚在了水泥砖石的河道之中。但在古代，即使是几十年前，恐怕也只有在人员密集的地方才有财力将河水束以条石垒砌的堤岸，那时候的泽国和现在是大不相同的。更何况，良渚先民要驾着小舟在芦苇荡中穿行，即便是在岸上，因为草木茂盛，道路也难以通行。更令人担忧的是，良渚时期的海岸线要比现在更靠近内陆，海水倒灌侵蚀的情况时有发生，良渚文明在繁荣了千年后突然消失，就有学者认为是海侵的结果。更多的学者则认为，4 000 年前这里曾发生过大洪水，良渚人的堤坝再坚固也抵挡不住这次千年一遇的大洪水。

⊙ 海侵与海退中的稻田

大禹治水的故事里有一个情节，是大禹在绍兴城外的会稽山大会诸侯，似乎应和的就是那场传说中的大洪水。但传说很难验证，即使是有文字记载的历史，关于江南也有着让人匪夷所思的传说，比如越王勾践卧薪尝胆复了国，打败吴王夫差，越国从此兴盛起来。越国所在的地方正是绍兴和它背后连绵不绝的广阔山地，吴国占有的是长江三角洲一带，以今人的眼光看都是最富庶的土地。可据《吴越春秋》记载，胜利后的勾践却迁都到了远在山东青岛的琅琊。据说这是范蠡观天象的结果，勾践乃春秋五霸最后之一霸，要实现远大抱负只有把国都迁到中原地界。但问题是，越国的势力范围在长江流域，如何能千里迢迢不用征战就得到一大片土地？故而很多人怀疑东汉时期成书的《吴越春秋》的真实性。[①]

不管怎么说，长江流域在春秋战国乃至秦汉时期都只能算中国古代版图的边缘地带。同理，沿海土地也是随着河流带来的泥土堆积而来的，且又可能被海水侵蚀，很可能属于无主的性质，容易获取。

《尚书》中的《禹贡》是关于中国地理的开篇文字，短短1 000余字，讲述大禹以山河为标志，划分疆界，分天下为九州。以纳贡为目的，古人已经有了土地分类的意识，用土地肥瘠程度来决定贡赋。九州土地的分级，排名为上等的是雍州、徐州和青州，排名为中等的是豫州、冀州和兖州，这六个州全部位于长江以北。排名为下等的则是梁州、荆州和扬州，三个州全都是地跨长江的，而且自西向东一个比一个差。唐朝时“腰缠十万贯，骑鹤上扬州”的扬州富庶繁华，夏商周三代时反而是最为瘠薄之地。

在长三角之外、钱塘江之南岸，国家文物局发布的2021年第四季度“考古中国”重大项目中，余姚施岙遗址古稻田上了榜。这是世界上面积最大、年代最早的古稻田遗存，这里的稻田有田埂，有阡陌，呈井字形结构，显示出古人对稻田耕作、水利作业的熟稔。更为可贵的是这里的稻田至少有三层。从河姆渡文化到良渚文化，先人们似乎是在和海水做着一轮轮的抗争，海水退了，他们就来此耕种，海水来了就暂时规避。这里的土壤和气候太适

① 《吴越春秋 · 勾践伐吴外传》：“（勾践二十五年）从琅琊起观台，周七里，以望东海。”勾践二十五年，即周元王四年（前472年）。又《水经注 · 潍水注》：“勾践并吴，欲霸中国，徙都琅琊。”

合种植水稻了，以至于江南的原住民在这里耕作不辍。但局限也是显而易见的，所以只能和大自然“打游击”。

⊙ 长江水枯

2022 年夏秋，中国南部大部分地区陷入极端干旱，长江露出了久违的河床，鄱阳湖底长满了荒草，变成了一望无际的大草原。而在长江出海口附近的上海，江水入海少了，咸潮入侵，上海市长江口多个水库水质氯化物浓度超标，上海市民担心淡水紧缺，不少人开始囤水。

这只是河流和海洋关系的一次偶尔变化，就给生活在海边的居民造成了如此大的影响。人类四大古文明中，三个出现在半干旱地区，只有古希腊文明濒临海洋——还是最晚出现的，似乎隐含着海滨生活的脆弱性。浙江师范大学地理过程实验室的科学家发现，良渚文化的兴、盛、衰与海平面升降密切关联。① 距今 5 500 年到 4 900 年是海平面下降期，降幅约 3.9 米，陆地生存空间扩大，加之气候温暖，良渚文化开始兴起。4 300 年到 4 000 年前，海平面回升，进入又一高海面时期，良渚先民生存空间缩小，文化分布范围相对压缩，且以台墩和坡地建筑为主，遗址数量较中期减少。海面回升的同时，洪涝灾害、异常降温等灾变加速了

① 朱丽东，冯义雄，叶玮，等．良渚时期文化发展与海平面变化．地理科学进展，2010，30（1）：121-128．

良渚文化的衰落。海平面的上升，不仅压缩了良渚人的生存空间，还会导致河流下泄不畅。

当然这只是一家之言。但全新世以来我国有几次高海面，分别出现在距今 7 300 至 6 000 年、4 600 至 4 000 年、3 800 至 3 100 年，高海面时期通常落后于暖湿气候高峰期 100 至 200 年，背后的原因是冰川融化引起海平面上升。杭州历史博物馆关于海平面的示意图显示，全新世以来最强海侵出现在距今 6 300 年前，海平面比现今高出约 8 米；距今 3 800 至 3 200 年前的第二个高海平面，当时海平面比现今高 6 米左右。

在持续几百年的大规模海侵面前，良渚先民的城池、水利系统不堪一击。面对大自然，文明早期的人类还是非常脆弱的。

⊙飓风与早期殖民者

生活在海边的新石器先民，无疑也会时常受到台风的洗礼。可惜除了洪水会在土壤里留下细颗粒的黏土层，从地质或考古层面我们无法区分台风与暴雨造成的洪水，更没有办法评估洪水对先民的影响。

好在美国也是一个被飓风频繁袭扰的国家，当早期殖民者来到北美大陆，当时那里并没有现在这样的坚固房舍、柏油公路和钢铁桥梁、钢筋水泥构筑的海滩护堤。这让我想起《荒野猎人》里的蛮荒土地，即使有了猎枪、大木船和各种颇为先进的装备，猎人们在大自然面前也是渺小的。那先民们该如何在飓风频繁的海岸生活呢？答案是靠运气。发现新大陆后的第二年，即 1493 年，哥伦布在第二次航行中，在加勒比海伊斯帕尼奥拉岛北海岸的新大陆建立了第一个殖民城镇——伊萨贝拉。仅仅两年后，6 月的旋风席卷了该镇，淹没了哥伦布的三艘船中的两艘。伊萨贝拉殖民地演变为一场灾难：殖民者没有发现大量的矿石，由于飓风、农作物歉收、疾病、船员哗变以及与当地人的冲突，该城于 1498 年被遗弃。

后来，哥伦布从印第安人那里学习到判断热带气旋的知识。当哥伦布在伊斯帕尼奥拉岛的新定居点圣多明各港停下来补给时，他警告敌对的西班牙舰队一场风暴即将来临。西班牙舰队无视他的警告，仍旧启航，结果损失了 26 艘船和大约 500 人。此处的定居点则被夷为平地。哥伦布的经历至少提供了两个信息：印第安人已经学会辨识飓风，但定居者对此仍是无能为力。

飓风甚至影响到了美国的殖民进程，一次偶然的天气灾害，就可能改变土地的归属。1545—1559 年，当时最强大的国家西班牙几次派遣舰队驶入墨西哥湾，试图在沿海建造堡垒，但每次都被风暴摧毁。印第安部落还会俘虏遇难船员，把他们献祭给飓风神灵。感到气馁的欧洲人于是远离墨西哥湾沿岸一个多世纪，转向大西洋沿岸。①

美国南部湿热地区也是种植水稻的，飓风对水稻农业构成了巨大的威胁。飓风将海水裹挟推涌进稻田，使水稻倒伏，并摧毁

① TIBBETTS J H. Early Europeans in America：Hurricanes steer the course of history. Coastal Heritage Magazine，1998，Vol 13，No 1.

了农场的基础设施。农场主为了排水和灌溉，修建了闸门、水渠、灌溉排水管和运河等一系列水利设施，一场飓风就可能全毁掉。而更大的损失则是人力。

当欧洲人殖民美洲时，人类已经具备了比较多的天气知识，有了铁质工具、颇为精密的机械，能够借助畜力和风力，船只可以漂洋过海在美洲和欧洲间来往。所有这一切技术和能力的积累，都是新石器晚期人类所不具备的，先民们在海边的生存时刻面临着摧毁性的力量。

我曾在山东烟台的海边居住过四五年，经常到附近的市镇旅行，使我惊讶的是，除了渔村和近年来开发商建造的海景房，诸如牟平、莱州、龙口的老城区都离海岸有一段距离。古人不是那么迷恋海景的。

⊙ 海堤

及至西周，长江三角洲中的吴越两国，吴王夫差、吴王阖闾和越王勾践在不同的排名中晋身为春秋五霸，似乎显现出江南财力物力的丰厚，然而却只是昙花一现式的绽放，很快越国灭了吴国，而越国又被楚国所灭。战国七雄中，楚国并不是一个实力派的角逐者，并且楚国的经济政治中心也不在江南一带。楚国郢都位于现在的湖北省荆州北面离城 8 公里的纪南城。这里是长江的北岸，离西安、洛阳等秦汉时期的经济政治中心更近，相去长三角则路途遥遥。楚国的国土面积一度接近其他六国面积之和，都城却尽量靠近边境，足以说明当时的农业状况：北方有着更多的产出，南部面积虽大，却难以支撑与面积相当的人口和国力。

江南成为鱼米之乡，关键在于人类改造自然的能力的提升。夏商周三代，先民们已经冶炼出铜，但铜的质地颇软，且每制造一件铜器都需要单独制作模具，成本高昂。由铜制作出的器具主要用于礼仪，因为它是奢侈品，或者用作附加值高昂的战斗武器。春秋战国时期，先民们发明了冶铁技术，铁制农具在中原也出现了，这带来了生产力的大跃升，但大规模炼铁还是汉朝以后的事儿。及至后期，北方几次战乱，衣冠南渡，每次冶炼技术在南方的推广都有冶铁技术改进的影子。如第一次永嘉之乱后北方流亡的工匠们给南方带去了冶铁技术，到了南宋，古人更是发明了焦煤冶铁，大幅提高了产量，减少了浪费，这是中国冶金史上的里程碑。安徽繁昌冶铁遗址面积达到了750平方米，其中有一座废铁堆高约两米，技术之先进、规模之大在当时世界上遥遥领先。

南北经济的实力转换发生在唐中叶安史之乱后。此时北方藩镇地方割据，租税不入中央，国家开始重视起南方粮食的调运。唐中叶后北方战乱延续，农田毁灭，水利设施失修，而偏安于南方的地方政权则兴修水利，裕民生息。今天的西湖边上有一座宏伟的钱王祠，纪念五代十国时期偏安于此的吴越王钱镠。吴越国小力弱，持续不过七八十年，其开国国君钱镠却受到后世爱戴，就因为他兴修水利，为杭州日后的繁荣打下了底子。建造水利设施时，钱镠对海洋侵蚀采取的办法是在钱塘江边筑造捍海石塘，在太湖流域普造堰闸。如此则不畏海水侵扰，内湖水资源也得以调蓄使用。彼时的杭州已经富甲江南了。

⊙ 范公堤

面对海洋这个庞然大物，需要有昌盛的国力、组织民众的能力和铁质工具，才能去应对。中国最著名的对抗海洋的工程是范公堤，由北宋名臣范仲淹主持修造。这是一条从楚州、盐城经泰州海陵、如皋至通州海门的捍海大堤，堤高五米，基座宽十米，俨然一道海岸长城。如今，北宋时期的海岸线已经成了陆地的一部分，在某些地点，范公堤距离海岸线已经有 50 公里了。沧海桑田，又多了一个注脚。

正如我们此前提到的，当气候变暖，陆地上的冰雪融化，海洋便会前进。唐宋时已有相当的国力，唐代的淮南主政官员即开始组织民众修堤，这些堤岸在大海波涛面前逐渐倒塌废弃。范仲淹再度修造后，北宋不敌金之入侵而崩，留守开封的官员开决黄河，以水当兵，黄河从一贯的北流转为南流，在黄海入海 700 多年。黄河夹带着滚滚泥沙，在今日江苏海岸造出了大片陆地。据测算，700 多年间黄河夹带了大约 7 000 亿吨的泥沙在苏北入海，这里本来是沙质海岸，生生被泥沙改变为淤泥质海岸。海岸外移，使得范公堤失去了捍海之作用，却成了地理地标，标志着宋代海岸线的位置。

当我们面对着地图，会不禁感叹江苏海岸线的平直，其实这也和大海的塑造有关。海浪随着潮汐而来，总是在海岸的突出部分加重侵蚀，在凹陷的地方搬来沙子填埋，塑造出相对平直的海岸线。不过，江苏平直的海岸线更多是依靠人工的力量。1855 年黄河再次改道北流，江苏海岸失去了泥沙的供给，其实有海进岸退的压力，而此时的民众已有足够的能力保卫田土，捍海的方式仍然是筑造堤防。既然是人力谋之，自然是寸土不让，同时显示出人工横平竖直的特点，于是海岸就变得尤其平直工整，像用线画出来的一样。

⊙ 当海水稳步上涨

中国的沿海有广阔的大陆架，从地质结构来说，大陆架是大陆的延伸，其深度往往只有几十米，最深处不过 200 米，这和海洋平均将近 4 000 米的深度比起来真是天壤之别。既然大陆架很浅，冰期中海岸线后退以后大陆架便暴露出来，这一片土地其实和内陆的土地是没有区别的。海水中动植物的生产力或不及陆地，但一旦大陆架暴露出来，海底土地也会很快成长为陆地土壤，为动植物的栖居提供和滨海土地类似的生存条件。以今日之观察，中国东部沿海的土地都是颇为宜居的。中国的大江大河自西而东流，注入海洋后会带来内陆动植物光合作用产生的有机质，还带来山石土地中的矿物质养分，这是沿海土地肥沃的原因之一。

大陆架之浅，可以从台湾海峡的平均深度来观察。台湾海峡平均水深 60 米，最深处约千米，大部分海底都是在几十米的范围间，最浅的地方约 30 米，这意味着不仅在盛冰期台湾岛与大陆是连接在一起的，在末次冰期结束后，当海面比现在低 50 米的时候台湾岛也是与大陆相连的。那么台湾岛上是否发现过旧石器人类遗迹呢？目前发现的台湾最古老人类遗迹是八仙洞遗址，距今超过 2 万年。或许在那个时候，台湾岛上的古人类与大陆的古人类还借由海峡出露的大陆桥有所来往和交流。

当海岸来回摇摆的时候，生活在其间的古人无法预知海面的升降，农耕中土地就有盐碱化或被淹没的风险。若在还没有彻底进入农耕状态，而是渔猎与农耕兼顾，且即便定居也没有建造坚城巨屋之时，海面的稳定上升对原始人的影响又当如何呢？这里我想到的是，随着海平面上升，海岸线一带的男女老幼会向着内地迁徙，这种迁徙势必会和更内陆的部落产生紧张的生存矛盾，整个沿海地区人口压力也会增加。这时候村庄或者部落之间就会促生出应对之策，这或许就是沿海文明聚合的原因之一。

沿海动植物是古人丰富的食物来源，即便是捡拾贝壳、上岸产卵的海龟、被海潮冲入潟湖滞留在那里的鱼鳖虾蟹，对填饱肚子都是有利的。潮汐带来的涌浪还会使海草滞留在海岸带，也提供了稳定的食物来源。而沿海地带兼有海洋生物与陆地动植物资源，对靠渔猎采集生活的原始人来说，食物的供给就有了多重保障。海岸线上的渔猎采集还有定点化的特点，鸟类的筑巢、海龟的产卵甚至鱼类的洄游，比如大马哈鱼从咸水的海洋回到淡水溪流中的产卵，都是有季节性的固定路线的行为，是定点化的。自然，被捕食的动物的群体聚集行为也会引来捕食动物的埋伏和聚集，彼时的人类已经进化为顶级狩猎者，当然不会错过这样的捕猎机会。原始人为了获得顶级的食物资源，就可能在特定的地点聚集，当人群过于密集时，人群之间就会产生矛盾，对资源的分配就需要遵循一定的规则，而规则的需求很可能促生相对复杂的社会结构（参见陈胜前《中华文明格局的起源》）。于是使人不由得联想，在海平面稳定上升的五六千年间，也就是仙女木事件后到距今五六千年的时间段内，中国沿海的原始人生活区是随着西进的海岸线不断被压缩的，人口密度也因此而增加，复杂的社会结构也在这种持续的环境压力下生成。

《三联生活周刊》2023 年第 20 期的封面故事《玉器时代》的主要线索即是中国新石器考古存在一个东平原和西高地的明显分界。黄土高原和东部平原新石器遗址的一个主要区别就在于是否崇尚玉器。东部的平原地区从红山到凌家滩到崧泽到良渚，都出土过大量的玉龙、玉璧、玉璋、玉琮。很多文化的玉器表现出了惊人的相似性，使人联想到那个古老时代古人类之间的交流。在那个大陆上森林密布、河汊纵横的时候，海边文化的交流或许比内陆更容易，也更频繁。

我们这片土地上考古发现的第一粒水稻出现在离良渚不远的上山遗址，距今约 11 000 年至 8 500 年，属于驯化初级阶段的原始栽培稻。这里与良渚同处于钱塘江流域，但离海更远。上山文化之后，长三角地区又出现了跨湖桥文化、河姆渡文化、马家浜文化，到良渚则跨入了文明阶段，似乎是一脉相承的。据陈胜前推测，沿海的先民们把复杂的文化状态带入了内陆，这在农业起源过程中发挥了重大作用。

中国文明起源的临门一脚出现在江南沿海，而绵延不绝的文明却来自黄土高原，这是否和全新世海岸线先是稳定地向内陆推进，随后又在一定的范围内来回摇摆有关系？这是我踏上良渚遗址一路行走时经常想到的问题。

⊙ 北方的海与南方的海

波诡云谲的大海看似危险异常，但对于走出非洲的现代智人，似乎又没有那么危险。比如澳大利亚孤悬海外，与其他大陆至少有上亿年的隔绝，那里的哺乳动物都是单独进化出来的。除了人类，澳大利亚没有其他灵长类动物，没有猴子、没有猿类，这意味着澳大利亚土著必定是从其他地方迁移过去的。而走出非洲，沿着西亚、南亚、东南亚海岸一路走到中南半岛，又因为末次冰期海底部露出，智人似乎是可以靠走就能登陆澳大利亚的。

但情况并非如此。19 世纪 50 年代，大博物时代的尾声，和达尔文一道发表进化理论的华莱士，旅行到今天印度尼西亚巴厘岛和龙目岛之间时，观察到巴厘岛的鸟类与爪哇岛的几乎相同，但在距巴厘岛仅约 30 公里的龙目岛，却只有 50% 的鸟类相同。婆罗洲与苏拉威西岛之间似乎有一条隐形的界线将两边的生物分开：界线以西具有东南亚的生物特征，界线以东则具有更多澳大利亚的生物特征。由此，也引起了关于陆地漂移的推测。后来发现，这主要是由于冰河时期海面下降，冰河时期海面下降了 120 ～ 150

米，彼时婆罗洲及巴厘岛等岛屿曾经与亚洲大陆相连，新几内亚和邻近岛屿则曾与澳大利亚相连。可巴厘岛和龙目岛之间几十公里宽的海，是无论如何也不可能走过去的，澳大利亚土著人只能“漂”过去。

温带乃至寒带的海洋，冰冷的海水、变幻莫测的风暴，对早期智人构成了天然的障碍。即使是现在，我们到海滨度假，也首选南方蔚蓝色的热带海域。

第七章

风吹来的黄土

古代的农业先是从半山坡地开始，逐渐向低地进发。恰恰是风吹来的、贫瘠的黄土高原，以及黄土包围之下的大河之“汭”，给予古人理想的农耕环境。

⊙ 理想的定居农耕环境

既然大海不那么友好，我们不妨把眼光转向内陆。

中国北部的新石器遗址中，最著名的是西辽河流域的一系列人类聚落，这里先后发现了兴隆洼、赵宝沟、红山等文化遗址，红山文化出土的玉龙被称为中华第一龙。考古学家苏秉琦曾说："红山文化坛、庙、冢三种遗迹的发现，代表了我国北方地区史前文化发展的最高水平，它的社会发展阶段已向前跨进了一大步，从这里，我们看到了中华五千年文明的曙光。"

30 年前大学毕业设计时我在赤峰实习，跑遍了赤峰下面的旗县，论文内容是关于赤峰南部宁城县的土地分级。宁城县一大半土地都覆盖着山林，沟谷里流淌着清澈的河水，山沟深处针阔混交林繁茂，是典型的温带植被。宁城县也是辽中京的所在，辽中京在老哈河岸边，现在还留有半截塔的遗迹。辽中京城市代表着辽国最繁盛的时期。

可再向北到了赤峰市区，土地就变得干燥，田地里种的是典型的旱作作物。赤峰再向北 200 余公里，燕山与大兴安岭的分界处，西拉木伦河从两山间流淌而出，山脚下的巴林左旗的林东镇边便是辽上京的遗迹。辽代的开国皇帝耶律阿保机在五代十国的乱世中统一了契丹各部族，建立了辽国，并以此地的临潢府为都城，是为辽国的第一座都城辽上京。

当我们在赤峰的各个旗县踏勘行走的时候，是很难想象这里竟是中华文化的重要发祥地之一的。那时候的燕山浅山地带乃至于赤峰城区向西的大片土地，还都是沙荒地。我们的植物地理老师崔海亭教授，给我们指点最多的植物是沙滚草、沙打旺和小叶锦鸡儿等沙生或半沙地植物，这些植物因为在沙地上生存，进化出了超强的耐干旱、耐风沙的适应能力。那时当地人已经尝试用草方格、种植沙棘和小叶锦鸡儿等沙地先锋植物固沙。

全世界的沙漠，大多分布在副热带高压带控制的热带与温带之间的环状区域，如撒哈拉沙漠、中东地区的沙漠、北美西部的沙漠戈壁。中国独特的季风气候，使得本该被副热带高压带控制的江南却是高温高热高湿的鱼米之乡，而沙漠则分布在北纬35°～50°的温带区域，以内蒙古为主，从东到西分别是科尔沁沙地、浑善达克沙地、毛乌素沙漠、库布齐沙漠、乌兰布和沙漠、

科尔沁沙地治理

腾格里沙漠和巴丹吉林沙漠等。这和季风气候的特点有关系，也和地势有关，东南季风难以深入内陆，而内蒙古高原的地势也把水汽挡在了高原前的山地沟谷间。降水与蒸发的差异，刚好在这一条带状区域形成了沙漠地带，科尔沁沙地则是条带状沙地的急先锋。自然，靠近东部的优势使得科尔沁沙地并不像内陆的沙地那样干燥，也相对容易治理。

鉴于古文明多发源于半干旱地区，介于森林、草原和沙地之间的地理环境给红山人提供了理想的定居农耕环境。

⊙ 坡地

2003 年，在敖汉旗的兴隆洼遗址，考古人员发现了 1 500 多粒炭化粟和黍的籽粒，经考证，距今 8 000 年，是迄今为止发现的最早的人工栽植形态的谷物，比中欧地区发现的小米早 2 000

敖汉旗兴隆洼遗址

多年。如今，经过防风护沙的治理，敖汉旗不再是一片黄沙的浅山丘陵，已经成为水草丰美的小米之乡。

敖汉旗的变化让人有点恍惚。而在辽国的上京巴林左旗，30多年前那里纯粹是草原牧场，可曾经契丹人经常到大宋的地界掳掠，然后把俘虏的宋人编户齐民，让其在辽上京附近种庄稼。北宋承袭唐代，是一个比较温暖的时期，如今的草原牧场曾经适合农作物的生长。

红山文化的遗址都坐落在燕山山地北麓或东麓的浅山丘陵地带。那时的古人倾向于选择山坡、坡地居住，又以分布在河谷两侧的坡地、山坡为多，这些聚落海拔高程在400～700米，属于典型林缘地带。[①]林缘地带兼具林地、草地双重资源特征，不仅动植物资源种类丰富，而且觅食较易，自然成为采集、渔猎的首选之地。即便是人类步入农耕状态，刀耕火种，林缘也兼具狩猎和耕种两种优势，在林缘地带定居也是最优选择。

中国科学院地理所一份以黄淮海平原农业历史为研究对象的论文《历史时期黄淮海平原农作制度变迁与农业生产环境演变》[②]显示，即使是秦汉时期，人口大量增加，黄淮海平原仍以冬小麦、粟麦轮种的两年三熟方式来提高庄稼产量，而不是向水泽更多的低洼土地要产量。而水利的开发也随着农业发展、国力强盛而不断

① 韩茂莉．史前时期西辽河流域聚落与环境研究．考古学报，2020（1）：1–20.

② 林忠辉，莫兴国．历史时期黄淮海平原农作制度变迁与农业生产环境演变．中国生态农业学报，2011，19（5）：1072–1079.

推进。战国中期开始，除黄河大堤以外，其他泛滥河湖堤防也得到修筑。西门豹治邺即是在河北、山东发动百姓在漳河一带挖掘了 12 条沟渠，使大片田地成为旱涝保收的良田。到了西汉中期，黄淮海平原已经成为全国最大的粮仓，并形成了“东粮西运”的格局。

古代的农业先是从半山坡地开始，逐渐向低地进发。在海河低地平原，由于地势低洼，排水不畅，那里频频发生涝灾，而滨海平原地势更低，河水泛滥之时，更易受害，加之极易出现海水倒灌，因此滨海平原作物生产水平很长一段时间都极为低下。东汉末年黄巾起义，就是因为生产力水平低下，又叠加天灾人祸而发生的。黄巾起义的发起者张角是巨鹿人，巨鹿在今天的河北邢台附近，他起兵于邺城，即西门豹治邺一带。这里是河北省和山东省的交界地带，京杭大运河从此地流过，运河岸边的山东聊城号称北方水城，河湖遍布。地势低洼在水利灌溉上颇有优势，可对于水利治理又提出了相当高的要求，当遇到天灾，这里就拉开了两汉崩溃的序幕。

南方的山地丛林中，土壤因雨水淋溶而黏重，在没有铁制农具的时候尤其难以开垦耕种。南方山林的大开发，更是要推后到明清了。

⊙ 黄土高原

当我试图设身处地地替手无寸铁、只会打制乃至研磨石质工

庆阳董志塬

具的古人类考虑的时候，把视线移到黄土高原，就有了豁然开朗的感觉。

黄土高原有广义和狭义之分。广义上的黄土高原即黄土区，从北京向西，穿过太行山便会看到黄土沟——雨水冲出的深浅不等的冲沟，截面全是块垒的黄土。黄土的特性是竖直方向的节理发达，水平方向却无节理，表现在地貌上，也就是竖直方向容易剥离开，水平方向却是平展的。因为竖直方向易于开裂，所以黄土中又有着众多的竖直空隙。在黄土区的边坡部位，黄土经常沿节理面发生崩塌，形成峭壁，有时还会产生大规模的滑坡。故而黄土地貌和其他土壤形成的地貌不同，黄土区往往表面平展，周围却是大沟大谷。

黄土地貌也因为沟谷“刻画”其边缘而留出整块的黄土。依据大小和形状，便可分为黄土峁、黄土梁和黄土塬。2022 年，我去参观《西厢记》故事的发生地山西永济的普救寺，寺庙建在一座黄土小山上，那就是典型的黄土峁，方圆几十亩，兀立于平地之上，刚好托举起一座寺庙，也在叛乱军士围攻寺庙时提供天然障碍。而黄土高原上最大的黄土塬董志塬南北长约 89 公里，东西平均宽约 18 公里，据文献记载，历史上董志塬南北最长达到 110 公里，东西最宽约 50 公里。在 1 300 多年自然和人类活动的影响下，董志塬已经缩小了很多，其最窄处不过 50 米，塬面或有断裂的风险。

⊙ 黄土何来?

李希霍芬是德国地理学家、地质学家，1868 年至 1872 年间，曾在中国进行了 7 次考察活动，是近代中国地质学的奠基人之一，他最先提出了“丝绸之路”的概念。关于黄土高原的成因，李希霍芬曾给出一个解释，即中国黄土是风吹来的沙尘形成的。

建国后，地球环境科学研究领域的专家、被誉为“黄土之父”的刘东生院士提出“新风成说”，平息了 170 多年以来的黄土成因之争。20 世纪 50 年代，通过大量走访考察，他发现黄土高原几乎所有地质剖面的土层都是相同的，而在大面积的范围内地层成分能够如此均一，也只有大风吹来的颗粒才能如此分布。刘东生于是提出了“新风成说”，“新风成说”与“旧风成说”的区别在于，不仅黄土高原的表面黄土是风吹来的，整个黄土高原都是日积月累的风吹来堆积在这里的。黄土与红土交错堆叠的剖面还解释了250余万年来古代气候的变化，黄土代表寒冷干旱气候，古土壤则代表暖湿气候时期，意味着这里气候一直处于干湿交替的循环中。

而关于中国这片土地进入冰川期，也就是中国第四纪下限的研究，也逐渐集中到黄土与下伏红黏土的界面和泥河湾剖面的湖相层与红黏土的界面，西北的朔风刮来了黄土颗粒，寒冷期肇始。

黄土高原的植被情况又是怎样的呢？在山西、内蒙古与陕西交界的右玉县——毛乌素沙漠的下风口，曾经山西饥民逃荒“走西口”的地方，我看到了植被的恢复和重建。那里绿坡相连、绿玉滚滚，山坡上油松、马尾松和樟子松连成了片，低洼处杨树、榆树和柳树排成了行，林间草地错落，小灌木散落在路边，一片生机盎然。按理说，这里还算不上原始森林，但次生林已经发展得种群丰富，是一种颇为高级的生态环境了。而70年前的右玉，形象的比喻是“一年一场风，从春刮到冬。白天点油灯，黑夜沙堵门。风起黄沙扬，雨落洪成灾”。

既然如此，右玉县的生态恢复是当地黄河二级支流苍头河河谷的特殊性决定的，还是黄土高原本来就是森林环境呢？地质学家丁文江于20世纪30年代提出黄土高原上的原始天然植被应为草原。开创黄土高原植被研究的历史地理学家史念海先生在《历史地理》1981年创刊号上率先提出“黄土高原森林说”，即历史上的黄土高原有大量森林分布，并存在显著演变过程。不过，关于黄土高原历史上的植被，“草原说”“稀树草原说”“疏林灌丛草原说”“森林说”一直各执一词，并未形成统一的认识。

⊙ 文明黄土起源说

从北京向西，走不了多远，一条黛色的大山横亘于前，这就是太行山。俗话说八百里太行山，其实太行山纵向长度远不止800里。太行山绵延不绝，对生活在大平原上的人来说是有力的依靠，它虽然阻挡不住来自遥远的西北的冷空气，却把大风夹带的最后的一部分沙尘阻挡住了。穿过莽莽太行山，山的西面即是茫茫的黄土世界。

我们知道，土壤的肥力源于土壤中的腐殖质，腐殖质也就是枯枝烂叶腐败后的有机质，是黑色的，所以所有土壤中黑土最有营养。褐色是黑土和黄色沙子与尘土的混合色，褐色土营养含量比黑色土差一截，但仍比黄土有营养。黄土仅凭它的颜色判断，也算不上是肥沃的。

既然黄土相对贫瘠，它又如何支撑起中华文明的起源呢？20世纪60年代，旅美学者何炳棣通过科学和训诂互证的方式推测上古时期农业在黄土高原的运作方式。作为一位历史学者，为了研究原始农业，他自修地质、土壤、古生物、古气候、植物孢粉分析等，以期得到最低必要限度的专门知识，然后再与大量考古资料和古代文献进行印证。那时候，关于原始农业，普遍的看法是原始人不懂施肥，而土地的肥力因耕作而递减，在当时土广人稀的条件下，农人随时都得实行休耕，也就是“刀耕火种”，烧一片山种一片地，不断地轮换土地“游耕”。的确是，全球绝大多数的土地种类，表面的腐殖质层和混合层以下往往是基岩，而基岩是毫无养分的。经过一两年的种植，上层土壤的养分和肥料就被庄稼带走了。

可黄土是风吹来的，是一层层地叠罗汉式地堆积起来的，这就意味着每一层都保存有当时生长的动植物腐殖质，经年累月后腐殖质分解了，矿物质保存下来。黄土一个重要的物理特点是土质疏松，纵向发育有众多的毛细管，毛细管可以把土壤底层的营养物质经由“毛细现象”源源不断地输送到土壤表层。关于黄土中的养分为什么能长期不流失，刘东生院士给出过解释：黄土一般都呈碱性，而不是酸性，土壤中的矿物质大体经久都不流失，因此基本肥力也长期不丧失。既然黄土有“自我加肥”的性能，那么原始华北农业最初不应该采取游耕式的耕种法。

当时西方学者对华北平原的研究结果是，砍烧制下，土地耕种一年以后，要休耕七年之久，肥力才能恢复。而何炳棣综合《尚书》和《诗经》等文献，认为上古时期的农人所遵循的最多是三年的轮耕周期，其中有的土地无须休耕，有的三年休耕一年或两年。另外，平整第一年的土地惯例是不马上播种。比如《尔雅·释地》提及：“田，一岁曰菑，二岁曰新田，三岁曰畬。”“菑”是翻土除草的意思，也就是把残根败叶翻到土里，使之转化为腐殖质。“畬”则是焚烧土地上的植物，用草木灰播种的意思。①

当何炳棣向美国的人类学家核实了休耕的种种科学依据以证

① 何炳棣．华北原始土地耕作方式：科学、训诂互证示例．农业考古，1991（1）：110–113.

实自己的发现时，他陷入欣喜之中。而我，一个土壤专业的学生，也因为储备了一定的土壤知识，而对黄土高原有了别样的认知、别样的亲切感。但隐隐之中，我又觉得他过于夸大了黄土对农业乃至对文明的作用，毕竟风吹来的黄土还是太贫瘠了。黄土地势高，又存不住水，在黄土塬、黄土梁上打井，现代的农人往往都得打上百米深才能见到地下水，古人靠天吃饭，黄土上的投入产出比恐怕不高。

钱穆在《中国文化史导论》里论述道，中国文化发生在黄河流域。其实黄河本身并不适于灌溉与交通。但黄河的支流，那种两水相交而形成的三角地带，也叫水桠杈，则适宜农耕。古书里称之为“汭”，即两水环抱之内的意思，如见于各类记载中的渭汭、泾汭、洛汭，就指前述的三角地带，它们对于中华民族发源意义重大。

风吹来黄土，黄河及其支流又带来了营养物质和便利的交通，农业的起源不在黄土塬和黄土梁上，而在黄土环抱的河水之滨。

第八章

寻访桃花源

当这片土地上的人类还没有能力治理水患时，他们是如何与极端天气共存的？答案是大山的背后。

⊙ 休养生息之所

我们的考古界通过百年来的发掘与研究，证明了这片土地上有百万年的人类史、一万年的文化史、五千多年的文明史。这万年和五千年之间，尤其是五千年前文化向着文明转化期间，人类趋于更集中地居住，围绕农耕定居生活，其间一定饱受台风及其频繁的“高压水枪”之苦。我们这片土地上孕育出文明，先民们既要趋利避害，也需斗智斗勇，真是很艰辛的过程。

黄仁宇在《中国大历史》中提到了一个观点，即季风气候下降雨只发生在冷暖风的交接之处，这就使得汛期又短暂又不确定，旱和涝在这片广袤的土地上几乎是常态。《孟子》里面提到治水有十余次之多，无论是现代还是古代，农人们无时无刻不在和天气做斗争。贾谊《论积贮疏》就有“世之有饥穰，天之行也，禹、汤被之矣”的说法。 这片土地上，天灾太过频繁，故而应该进行常态化储备以备不时之需。

秦始皇统一中国之后，他称颂自己的碑文里就有“决通川防”之说。而水患频繁，治理黄河的水患是一件浩大的民生工程，客观上就要求有统一的应对，这也是中国 2 000 多年来大多数时间，国家都以统一的形式存在的原因。

我们脚下这片土地绝非一种理想的农作气候，当然，艰难的气象条件给人类带来挑战的同时，也使其容易进化出更复杂的社会组织形式，以应对极端天气的频繁袭扰。但是，我在这里想到的是，在传说中的大禹治水前的史前时代，当这片土地上的人类还没有能力治理水患时，他们是如何与极端天气共存的？他们是否找到了蛰居的好地方？

蛰居的想法把我引向了晋人陶渊明的《桃花源记》："林尽水源，便得一山。山有小口，仿佛若有光，便舍船，从口入。初极狭，才通人。复行数十步，豁然开朗。土地平旷，屋舍俨然，有良田、美池、桑竹之属。阡陌交通，鸡犬相闻。其中往来种作，男女衣着，悉如外人。黄发垂髫，并怡然自乐。"虽然是大隐隐于市，但对于普通人，理想隐居避世之所概莫如此了。

陶渊明设定的避世佳境，是从一个狭窄的通道里侧身而入的，里面是宛若仙境的别有洞天之地。如果要在中国大地上找寻这样一个理想的休养生息的地方，会是哪里？

第一个想到的肯定是天府之国四川盆地。这很容易让人想起三国时期刘备避居四川建立蜀国的故事。四川盆地方圆 20 余万平方公里，土地肥沃，甚至连气候都很理想。那里的气候因为温和，如果按照地理学的一个小众概念——大陆度，一个衡量年内温度差的指标[①]——居然可以被划分为海洋性气候，要知道，四川距离最近的海洋也得上千公里了。海洋性气候的形成原因，主要是海水的热容量比陆地大，海洋夏季气温低于陆地，冬季则又高于陆地，冬夏温差，也就是气温年较差遂比大陆小。四川盆地有高山

① 表示大陆度的方法有多种，主要有温度法、气团法等。最常见的大陆度是以气温年较差为基础的。此外，还有以降水和太阳辐射所对应的温度效应表示的大陆度，或综合几种气象要素表示的大陆度。

阻隔，冬天西北风被挡在了秦岭之北，夏天又因海拔稍高、降雨频繁而凉爽，冬夏气温差异更接近海洋。中国土地上的其他地区，在季风劲吹之下，则是完全不同的情况，如武汉大陆度高达 67.0，远超过 50.0 的大陆和海洋的分界线。

四川的暖湿气候孕育出辉煌的三星堆文化，可惜它并未流传下来。这里的地理空间并不小，足以孕育发展出了不起的文明状态，但封闭的空间同样阻隔了与外界的交流。长江三峡山高水急，蜀道难难于上青天，生活于四川的史前人类很难和外界交流，独立由部落到部落联盟再到王权国家的人类文明的进化条件或许并不成熟。

⊙ 大山中的缺口

2022 年夏天，一路沿着黄河探寻文明，我来到了黄河的中游。

在永济，黄河几字湾的最后一湾，一群年轻人带着无人机奔波于乡野之间，航拍着这里的山川大地。我追寻着他们的镜头，也获得了上帝视角，感知到某种隐秘的力量。古人当然没有这个缘分，可规律就隐藏在一次次的尝试和碰壁中，唯有那些做出对的选择的古人，才繁衍生息，壮大起来。

中国的三级阶梯的地貌特点，帮我把眼光聚焦到中国地形第二级和第三级之间。我们不妨从北到南，看看这两级阶梯间的山地都有什么特点。中国第二级阶梯，位于我国中部及北部，含内蒙古高原、黄土高原、云贵高原、准噶尔盆地、四川盆地、塔里木盆地六大部分，从北向南，其东部边缘由大兴安岭、太行山脉、巫山、雪峰山等山脉界定。

大兴安岭和雪峰山，一个太寒冷，另一个又处在亚热带，都非文明发生的理想气候，这里可以先排除。考古发现我国最早有龙图案的红山文化，起始于五六千年前，分布范围在东北西部的热河地区，北起内蒙古中南部，南至河北北部，东达辽宁西部，即辽河流域的西拉木伦河和老哈河、大凌河上游。在那里定居，似乎原始先民不畏寒冷，其实不是。6 000 年前整个中国大地要比现在温暖湿润，按照中华文明探源权威专家苏秉琦先生的说法，红山文化已经发展到了古国状态。可繁盛一时的红山文化却消失了，一种推测是 5 000 年前气候发生了变化，北方温度下降了两三度，加之红山人口增加，环境被破坏，又处于游牧与农耕的激烈交锋地带。原始文化是非常脆弱的，现代人能克服的困难，对先民却可能是致命的。

沿着地形分界线，从大兴安岭再向西南，经燕山，是北京西边的太行山。太行山以北京西北的关沟与燕山为界，向南一直延伸到小浪底水库边上的王屋山，也就是愚公移山所在地。自古有八百里太行的说法，但我测距，整个太行山长度足有 700 公里，宽则上百公里。黄河岸边，太行山的余脉中条山再向西延伸。加上中条山，太行山的走势很像汉字里的撇（丿），到中条山时居然细成了一条，方向从西南向彻底转成了东西向，并且以渐尖渐细的方式收尾。

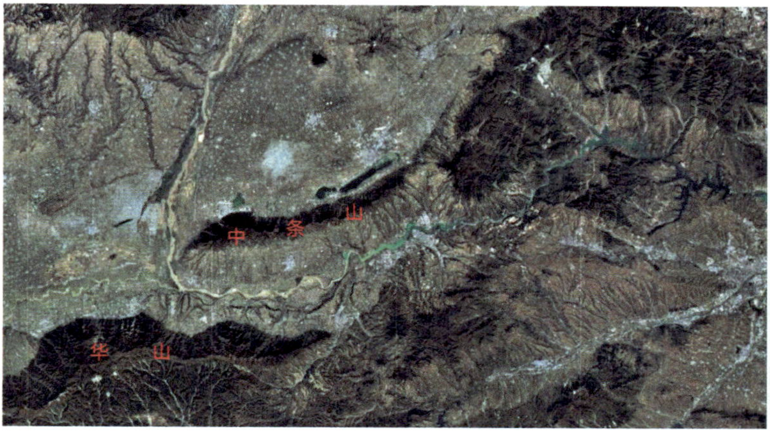

中条山位置示意图

太行山高耸于华北平原边上，北高南低，平均海拔高度在 1 200 ～ 1 500 米，发源于上面的河流，或者是发源于吕梁山从太行山脉流出的河流，在太行山上冲出了诸多河谷。古人沿着河谷在山西与东部平原间行走，形成了著名的太行八陉。

太行山为什么会拐弯？看到与中条山隔河而望的秦岭余脉崤山和邙山，不难有所猜想，东西走向的秦岭山脉横亘于中国中部，在古地质的造山运动中，或许有板块的碰撞挤压，就形成了太行山在尾部和秦岭并肩而行的样貌。黄河撞上了秦岭，不得不拐弯，于是就在太行山和秦岭之间直奔大海而去。

而秦岭在此处也没有了华山那样的高大威猛，山脉快走到了尽头，剩下的就是余脉了，山势渐缓，秦岭余脉崤山、伏牛山、熊耳山、邙山和嵩山，像人的手掌和张开的五指一样，趴伏在中原的原野上。

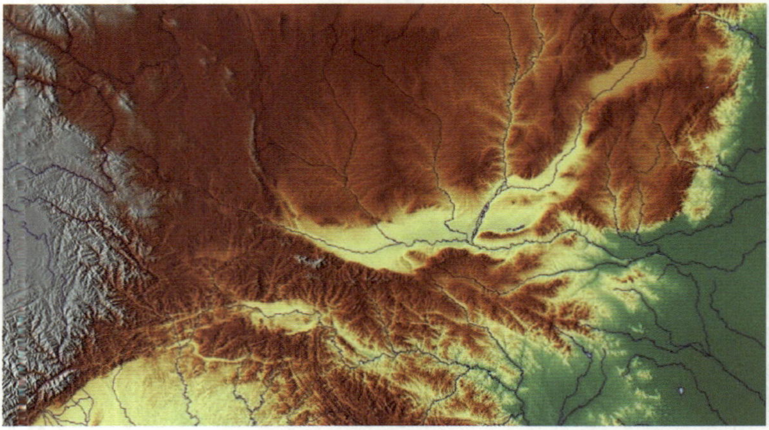

月牙形的汾渭盆地

秦岭再向南是大巴山和巫山，长江在那里切割出了壮观的长江三峡。“两岸猿声啼不住，轻舟已过万重山”，从三峡去天府之国四川盆地可不是容易的事情，唐人尚且难于上青天，更不用说四五千年前的古人了。

沿着中国大地的第二级阶梯走一趟，你就会发现，黄河在秦岭和太行之间冲出的这段谷地的可贵，蛰伏在黄河河谷尽头的汾渭盆地，更是如陶渊明笔下桃花源一样的存在，至少这里不会有台风的疾风暴雨。史前文化时期的先民们太脆弱了，他们需要一个桃花源般丰饶而稳定的环境的保护。这里不仅夏季得到太平洋雨水的滋润，还因为处于华西秋雨区域的边缘地带，秋季还有印度洋雨水的照拂。

当然，也会有人看到黄河、长江之间的汉中盆地和南阳盆地，但这两块地方和汾渭河谷地比起来，要么山体过于低矮挡不住台风，要么地势偏高离中原远，总体上体量又小，是无法相提并论的。

汉中盆地

南阳盆地

⊙ 地理环境决定论？

对地形地貌如此钟情，我似乎落入了地理环境决定论的窠臼。地理环境决定论崛起于18世纪思想启蒙时期，启蒙思想家热烈地拥抱地理大发现来解释各民族各国家的经济、政治乃至民族性格的差异，起初听起来新鲜，理论一下子传播开来。可很快招致一片讨伐，就是因为他们解释的是资本主义处于萌芽时代的世界，那时候的人类早已驾驭着巨轮乘风破浪横跨大洋，离热气球上天都不远了，人类改造自然的能力大爆发，地表的山川河流已经无法阻挡人类的想象力。可对于远古时代的人类，他们更多的是依附自然，我想地理环境决定论还是有意义的。

当代地理环境决定论的执大旗者是《枪炮、病菌与钢铁：人类社会的命运》的作者贾雷德·戴蒙德，在他的个人网站上我看到他对地理环境决定论的辩护。他说："许多人渴望相信人类精神、自由意志和个人能动性是人类最崇高的表现形式，具有广泛的价值。但即使是那些崇高的东西也有限制。如果你几乎赤身裸体，人类精神不会让你在冬天在北极圈内保持温暖。人类的精神也不会让你放牧袋鼠，袋鼠的社会结构与旧大陆的十几种可放牧的大型家养哺乳动物不同。无论是占领澳大利亚并在那里狩猎袋鼠46 000年的原住民，还是占领澳大利亚200多年并在放牧牛羊方面经验丰富的现代欧洲畜牧业者，都无法放牧袋鼠。反而，今天在澳大利亚饲养的袋鼠不得不被一只一只地射杀，而不是像绵羊一样被赶到卡车上。解释与袋鼠行为生物学的细节有关，与人类精神无关。”

后来我看到了中华文明探源工程首席专家王巍的论文，他解释了为什么中华文明最终汇聚在黄河中游，提到的也是地理气候等因素。①

气候上，8 000 年前到 6 000 年前我们这里是一个暖期，中华大地上农业有了长足发展，可距今 4 300 年到 4 000 年期间有一个显著的气候异常期，良渚文化所在的沿海地下水位上升，还暴发了洪水，稻田被废弃。北方的红山文明也在这一时期突然消失了。反而在黄河中游，这里有平原、丘陵、黄土高台地，地形多样，农业耕作品种以旱作的粟和黍为主，兼有稻和麦。不同的地形为史前人类提供了多样化的生存空间，多样化的农产品有更强的抵御自然灾害的能力，这里的文明因而连绵不断。而传说中的大禹治水等水利工程，更增进了黄河中游各部落的凝聚力。正是在这一时期，考古发现了规模宏大的陶寺遗址和石峁遗址，陶寺遗址的天文观测台通过太阳的位置可以区分出春分、秋分、夏至等季节转变时点。王巍回忆说，他在大学的时候学到《尚书》中的《尧典》，老师还告诉大家别当真，那时普遍不相信我们祖先那么早就有了天文观象能力，以为是后人的附会。让人意想不到的是，我们的考古工作者后来居然发现了 4 000 年前的观象台。

① 王巍．中华文明探源研究主要成果及启示．求是，2022（14）：45–52．

⊙ 尧都

我是从五台山所在的忻州到山西省会太原，再从太原到洪洞县一路南下的，洪洞县位于汾渭盆地的北缘。从地图上看汾渭盆地如同月牙形状，中间被黄河划开，一边是山西一边是陕西，洪洞县就坐落在月牙朝北的顶尖上。从太原所在的晋中盆地到汾渭盆地，翻过了云蒸雾霭的太岳山，又钻过了漫长的隧道，一下火车热浪便扑面而来，这里的海拔足比晋中低了 300 米，真如同一步从天上踩到了地面上。

洪洞县因《女起解》里“苏三离了洪洞县”而出名，还因为明朝初年的大规模移民，北方人从此奔赴南方而被很多姓氏追捧为寻根圣地。不过，洪洞的名胜只追溯到明代，洪洞是县级行政区，它的上级城市是临汾，那里才更为古远。临汾是两晋南北朝时期重要的城市，北周攻北齐时这里是平阳之战的交兵之地。从洪洞向南走，不出 30 公里就到了临汾，到了这里，浓浓的古意袭来，那是和忻州古城、太原的晋阳古城乃至洪洞的大槐树完全不同的古意。晋中和晋北的古意让人联想到的是明清——当然晋祠更久远，但这里的古意上追尧舜。

在临汾，一座高大的、由三栋门楼连接而成的纪念碑式的建筑——华门，被誉为华夏第一门，宣示着这里是华夏民族诞生的地方。自然，华门是 21 世纪的建筑样式，在各地方政府争抢旅游资源之际，华夏第一门的意义似乎要打打折扣。但既然自诩为华夏第一，临汾的底气还是显露了出来。华门不远处的尧庙稍显古意，虽然也是改革开放以后复建的，却是在原址上复建。根据史书记载，平阳的尧庙早在 1 600 多年前的晋代就已经兴建，随后多次毁于兵火，又多次重建，离现在最近的一次重建是清康熙年间。

华门

尧庙

作为尧、舜、禹三代禅让的开创者，尧是中华民族由部落联盟发展为国家时期的一代明君，按《史记》的说法，“其仁如天，其知如神。就之如日，望之如云。富而不骄，贵而不舒”。尧算得上是历代君王里最理想化的人物，他设置百官，使各官吏负责专职事务，开创了国家治理的雏形。官员里有人掌管历法，观察日月星辰不误农时，有人教民稼穑，有人负责工程营建，有法官，还有礼乐、教育、军事之官。

可作为部落联盟的盟主，尧最初似乎并不是在汾河岸边主事的，而是在当今河北的唐县（另一种说法是山东西部的定陶），后来才迁都到平阳也就是现在的临汾。当然那时候并没有文字，全是传说，算不得信史。

尧庙供奉的不只是尧，这里还有个虞舜殿。相传尧在位70年时访到舜，考察三年后由舜辅政20年，禅让于舜，而后8年故世。舜又效仿帝尧，在老年将帝位禅让于禹。舜姓姚，属有虞氏，故称虞舜。

运城市区边上鸣条岗有一处舜陵，也提示我们这片土地有着古老的文明史。舜是华夏族第一位接受禅让而成为部落联盟首领的，尧遍访周边部落，舜以德孝称名被尧选中，尧还将两个女儿娥皇、女英嫁给舜。舜的出生地在运城下辖的永济市的黄河边上，那里有舜帝村。舜帝村还有瞽叟坟，传说为舜父母的坟地。舜的德孝很大一部分表现在对待父母上。舜的母亲早逝，父亲续弦，后母对他百般刁难，还想害死他，可舜事亲如故，感动了乡邻，其德孝的美谈传遍乡里。

⊙尧、舜、禹三帝都

从舜帝村沿着黄河向南20公里，正是鹳雀楼之所在，再向南两公里，就是《西厢记》故事发生的地方——普救寺。围绕着尧舜禹的传说，除了尧都平阳（临汾），还有舜都蒲坂（蒲州）——传说中舜建都于永济，以及禹都安邑（运城夏县），唐尧、虞舜、夏禹三帝的首都，都在方圆不到百公里的临汾－运城盆地，并且都距黄河不远，不能不承认这里历史的古远。

如果说没有文字信史，那些传说只能算道听途说，那么最新一个消息提供了相当有力的证据。我国第二次古树名木资源普查（2015—2021年）结果正式公布，在全国普查范围内，调查人员一共统计到了508.19万株古树名木，其中有5株古树更是存活了5 000年以上。这5株古树都分布在陕西——和山西隔着一条黄河的陕西。这些古树分别是延安市黄陵县黄帝陵的黄帝手植柏、保生柏，距离黄陵县城20多公里的老君柏，渭南市白水县仓颉庙内的仓颉手植柏，商洛市洛南县的页山大古柏。这当然不是说这些树木的长寿是因为自身基因好，而是因为其得到了人类精心的保护，没有被砍伐。至于原因，我想是出于对先祖遗存的尊重。

尧、舜、禹的传说不能算信史，但后来韩、赵、魏三家分晋，魏国的都城定在了安邑却是信史。三家分晋前的晋国都城新田也在临汾附近。古意盎然至少可以上追春秋战国。

在传说中，舜的活动范围也绝不止黄河大拐弯的三角地带。在舜帝陵园的神道前，今人特地雕有两尊石象，以彰显他耕于历山，大象来助耕的故事。但更普遍的看法是历山位于山东。《史记》里是这样描述舜在历山耕作筑城的：耕历山，历山人皆让畔；渔雷泽，雷泽人皆让居；陶河滨，河滨器不苦窳，“一年而所居成聚，二年成邑，三年成都”。虞舜在历山耕种，历山的人都让他在河畔耕种；在雷泽捕鱼，雷泽的人都让他居住；在河滨制陶，那里的陶器没有不好的。一年后他所居住的地方就聚集起来，两年后成了一个小镇，三年后就成了一个都市。

不过，运城也是有历山的，翼城、垣曲、沁水三县交界处的历山自然保护区还有舜王坪，传说是上古时代舜帝耕作的地方。可那里地势很高，山上是高山草甸，似乎很难和上古时期的原始耕作画上等号。

全国有名的舜陵也有两座，另一座在湘粤交界的九嶷山，相传九嶷山因舜帝南巡而得名。舜帝百岁时，南游苍梧而死，葬在那里。

既然舜帝一生在华夏大地奔波，尧是否也是如此？临汾城南有伊村，与帝尧姓氏伊祁吻合；城西姑射仙洞，有传说中帝尧成婚的洞房和尧教丹朱下棋的棋盘石；城南有金殿，是平阳最初的所在，史称尧墟；城东有尧陵，为三皇五帝陵墓中最巍峨的。一切都似乎证明临汾是尧的家乡和称帝治国的地方。但所有这一切也难称信史：山西长治长子县，山东的菏泽、定陶、曲阜乃至河北的顺平、唐县，甚至浙江的兰溪和湖南的桃源都在争抢尧帝故里的称号。

其实称号并不重要，重要的是在尧都行走，看山川河流，感受那个年代先民的生活，设想他们如何在这里生活。王巍在解释中华文明为何汇聚于黄河中游的时候，他注意到黄河中游之外的文化在强盛时期都有向中原地区挺进的趋势，如大汶口文化到了河南中部，长江中游的石家河文化曾经到了河南南部，但都没有扎下根。这不由使人想起传说中的尧舜禹都是部落联盟的盟主，面对四面八方的挑战，中原地区的部落有着更强大的战斗力，也就是更先进的组织形式、人口和技术。

⊙ 丁村与陶寺

沿着汾河一路南下，不远处的襄汾县有着中国考古学至为重要的两处发现，分别是丁村遗址和陶寺遗址。丁村靠近汾河，陶寺稍远一些，但两地相距不过数公里。我是从汾河边上大路转了几条小路，翻过几道沟坎，才来到了黄土台面之上的。陶寺和丁村就坐落在汾河的阶地上，这是 7 月中旬，农人们刚收割了小麦又种了玉米，听他们介绍这里庄稼两熟。而我前一天所到的晋中盆地，庄稼却只能种一季，因为天气颇寒冷，小麦让位给了高粱和玉米等更皮实的作物。相距不过两三百公里的距离，气候条件却天差地别，也难怪古人选择在此定居。而进入了定居农耕时代的陶寺人，对气候条件的要求应该会更高吧。

丁村和陶寺，一个是距今几万年的旧石器时期人类遗址，一个是距今 4 000 余年的以龙山文化为主的新石器后期向国家形态过渡的城池。丁村遗址之所以重要，是因为丁村人上承北京猿人，下启山顶洞人，正好弥补了距今 23 万年到 1.3 万年间的中国古人类断代窗口，20 世纪 50 年代一经发现就引起轰动，向世人证明中华大地人类活动绵延不绝。

陶寺的城池，东西约 2 000 米，南北约 1 500 米，面积 280 万平方米，距今 4 300 年至 3 900 年，是中原地区龙山文化中规模最大的遗址之一。陶寺的宫殿基座阔大，墓葬豪华，陪葬现象突出，居住和墓葬都有着巨大的规制差异。除了恢宏的宫殿，这里还有独立的仓储区、手工业区等。贫富分化、等级悬殊，考古发现提示这里已经走到了邦国时代的边缘和方国时代。

陶寺遗址出土文物

因为和传说中的帝尧的活动范围吻合，有许多专家学者提出，陶寺遗址就是帝尧都城所在，是最早的“中国”。

第九章

天下之中

夏商周三代的天下之中，以何尊中第一次出现的“中国”而论是指西周王朝的都城成周地区，即“天下”的中心——伊河、洛河流域。可在这之前的尧舜禹时代，却是大山背后“水深土厚”的汾河盆地。

⊙测景台

在洪洞县的酒店里，书桌上放着几本书，大开本，很厚实，我有点诧异，因为不像那种泛泛而论的旅游手册。翻开一看，立即被吸引住了，原来临汾市人大常委会原主任刘合心是一位作家，还是中国作家协会的会员，他把自己工作中如何保护文物，如何宣传临、运华夏文明源头地位，以及对这片土地的认识记述了下来，编辑成厚厚的集子（《我的文化梳理》，2012 年出版），放在公共场合供游人阅读。我不由得读了起来。

那是 2010 年，一天晚上刘合心看电视，中央电视台《新闻联播》正在播出河南登封“天地之中”历史建筑群在第 34 届世界遗产大会上通过审议，成功列入《世界遗产名录》，成为中国第 39 处世界遗产。他感到非常焦虑。

登封“天地之中”历史建筑群，包括周公测景台和观星台、嵩岳寺塔、太室阙和中岳庙、少室阙、启母阙、嵩阳书院、会善寺、少林寺建筑群等 8 处 11 项历史建筑，建成年代从汉至清，时间跨度达 2 000 多年。

按照刘合心的看法，这组建筑应和“天地之中”概念的是周公测景台和观星台。测景台是距今 3 000 年前周公测日影定地中而筑造的土圭，美中不足的是原土圭早已经损毁或风蚀了，现在的是唐代在原址上仿造的。观星台是元代郭守敬修造的全国 27 个天文台中的中心天文台，也是当时世界上最精确的历法授时历的演算中心。这两个建筑算得上是对“天地之中”最贴切的诠释。

圭其实就是南北方向平放的测影尺，用来测太阳的影子，一年之中影子有长短，通过统计就可以得知影子最短的是夏至，最长的是冬至，这是一年中两个最有代表性的节气。利用圭表测影的方法确定方向和建都的位置，是《周礼》中对于“惟王建国”的基本要求。天文学史上的“地中”概念即是利用圭表测影来确定，有了圭表，也就从侧面证明了王权国家出现了。

临汾人对嵩山“天地之中”进入联合国名录耿耿于怀，是因为他们有中国最古老的天文观测遗迹，不是仿造的，是真实的遗迹。那就是在陶寺遗址发现的一件残长 171.8 厘米，且有 43 个色段端点的漆木杆，这疑似标注中天日影的圭尺。2003 年，在陶寺遗址又发现了三层环状夯土结构，根据这些地基基座推演，这些夯土基址上本来立着 11 根夯土柱，柱子间是观测缝，通过 10 个观测缝观察、记录日出日落，就能测定春分、夏至、秋分、冬至等重要节气。刘合心在他的笔记中描述了在春分日通过观测缝看到太阳的欣喜。在他的眼里，考古队长何驽如同一位艺术家，把夯土基础和天象联系在一起。观测缝是 10 个，而非现在二十四节气应该对应的 12 个，暗示着彼时天象观测的原始性和探索性。实际上，当何驽验证古人的天象的时候，最关键的夏至和冬至——分别是北半球最长和最短的一天——却看不到太阳升起，一度引起质疑。借鉴天文学的成果回溯 4 000 年前的情形，原来那时地球旋转所环绕的地轴与现在的角度是不一样的，按那时的角度演算，夏至和冬至是可以从缝隙中看到太阳的，大家终于茅塞顿开。

陶寺遗址出土木立表

《尚书·尧典》里有记载：“乃命羲和，钦若昊天，历象日月星辰，敬授民时。”襄汾陶寺古观象台的发现，印证了《尧典》中的记载，佐证了陶寺作为尧都的存在。

⊙ 水深土厚

《左传·成公六年》有这样一段话：“不如新田，土厚水深，居之不疾，有汾、浍以流其恶，且民从教，十世之利也。”新田是哪里呢？是今天的侯马。公元前 585 年，晋景公因新田水深土厚、民风淳朴而将晋国都城自今翼城县境迁至这里。在定都新田的 200 多年中，晋国尚法求变、和合狄戎、会盟诸侯，成就了春秋五霸的一番霸业。水深土厚、民风淳朴，也成了形容一个地方宜居的代名词。

从襄汾向南行30公里就到了侯马，北来的汾河在此转弯向西流去，经过稷山县在河津汇入黄河。此前，按照地质学的研究，汾河还曾一直南流，在今天中条山的位置穿过去汇入黄河，沧海桑田，中条山隆起，汾河折转成今天的流向。

汾河的“汾”是大的意思。这条大河发源于山西北部，全长700多公里，按长度是黄河的第二大支流，水量却只排到黄河支流的第五位。可汾河几乎贯穿了山西南北，其流过的地方深厚的黄土汇聚出一片适宜精耕细作的土地，土壤肥沃，灌溉发达。汾河河谷以全省四分之一的土地面积，养活了山西将近一半的人口。

河流夹带了上游的矿物质和腐殖质，是下游土壤肥力的重要来源。可如果地质运动处于抬升阶段，河流唯有“卖力气”地下切才能流走，其实对下游土地并无补益。在地壳抬升的黄土高原于是形成了沟壑纵横的地貌，即便有平地也是在高处，根本够不着水源。农作物缺少水，土壤里也没有河流带来的丰富的矿物质，怎么可能盛产农产品呢?

说到黄河百害唯富宁夏，其实就蕴含着很简单的地理逻辑。黄河的“几”字湾只有宁夏那里的地壳是沉降的，地壳沉降，则河水夹带来的泥沙正好用来填补，地势因此平坦，土壤也厚实肥沃，再加上水源充足、阳光强烈，宁夏就成了种植庄稼的好地方。

山西盆地在地理上的优势就在于它是地壳变动的一处洼陷地带。远在3 000万年到2 500万年前，喜马拉雅运动作用下，这里的地壳断开，形成了长达1 000余公里的汾渭大裂谷。山西地势两边高中间低，所谓“左手一指太行山，右手一指是吕梁”，水流侵蚀两边山上的土壤堆积在河谷间，串珠式的盆地因而土壤肥沃。这里水热条件之优越又非宁夏平原可比，宁夏平原北部年均降水也就约200毫米，山西则处在温带季风气候下，串珠式盆地南边的临汾–运城盆地降水达到了五六百毫米。千百万年的地质构造运动，给生活在这里的人准备了水深土厚的土壤基底。

黄河对面的渭河盆地也是汾渭裂谷构造的一部分，发源于甘肃鸟鼠山上的这条800余公里的河流，无论长度还是径流都是黄河支流之冠。常年看，渭河贡献了黄河水流的16%，其输入黄河的泥沙则占到了整个流域的近三成。泥沙主要来自渭河北岸其支流流过的黄土高原。渭河的流域面积也甲冠黄河，黄河“几”字形的内部，几乎都是渭河的地盘，尤其是在秦岭和黄土高原之间，渭河干流沉淀和冲刷并行，塑造出面积广大又富饶的关中平原。

在万荣县汾河与黄河的交汇处，有一座中华大地上最古老的祭祀土地的祠庙后土祠，或许暗含着这里的水深土厚和先人们对这里肥沃土地的感激之情。后土娘娘即地母，是土地之神，有一种说法是女娲。人们把女娲敬为土地神，这与女娲氏抟土造人的传说不无关系。听当地学者解释，“后”字最初的象形文字是一个女人半蹲式的产子形状，“土”字最初的象形文字是女人的乳房，“后”乃母权时代女性酋长之称谓。上古时代，后既可指有天下的天子，又称诸侯。听过解释，我大有所悟，此后土非彼厚土，原来比脚下的土地更为尊贵，乃掌管土地之神。

后土祠的碑记上记载：“轩辕氏祀地祇扫地为坛于脽上。”这里地势稍高，是轩辕黄帝扫地为坛，以祭祀土地神。《左传·成公十三年》里提及：“国之大事，在祀与戎。”祭祀是国家的大事，最初的祭祀对象是“社”，“社”就是土地之神。据《汉书》和《资治通鉴》等史籍记载，西汉、东汉、十六国、唐、宋计有9位皇帝20多次临幸亲祀。汉朝皇帝自诩为天下第一农夫，祭祀活动也在汉代达到了高峰，汉武帝6次祭祀，还在此作下《秋风辞》：

> 秋风起兮白云飞，草木黄落兮雁南归。
> 兰有秀兮菊有芳，怀佳人兮不能忘。
> 泛楼船兮济汾河，横中流兮扬素波。
> 箫鼓鸣兮发棹歌，欢乐极兮哀情多。
> 少壮几时兮奈老何！

后土祠秋风楼

后土祠内建有秋风楼，秋风楼下即是张仪小道，战国末期张仪说服各国诸侯“连横”亲秦，破解了苏秦游说六国诸侯联合拒秦的联盟战略。张仪从这里出走中原，一个大一统的帝国由此开始。只不过随着国家重心东移，明清皇帝就在北京地坛祭祀后土娘娘了。

⊙ 是种子还是地理环境?

在《枪炮、病菌与钢铁》中，对于人类为什么在两河流域率先进化出文明状态，贾雷德·戴蒙德是这样解释的：两河流域的新月沃土地带有着全球最多的可以驯化的动植物，世界上的植物有 30 余万种，可大部分都不能产生果实，可食用的不过几千种，最终被人类驯化做口粮的也不过几十种。如今，世界上小麦、大米、玉米、土豆等少数作物提供给人类绝大部分的口粮。人类之所以起源于两河流域，实际上有很大的偶然因素，就是因为那里可供驯化的植物和动物品种远多于别的地方。新月沃土上，后来被驯化成功的植物包括小麦、大麦和豌豆，被驯化成功的动物则包括猪、牛和羊等。

诚如斯言，200 万年前人类起源于非洲，并且三次走出非洲，在漫长的旧石器时代，他们一直使用打制石器，过着采集和渔猎的生活，这是一个极端漫长的过程。直到一万多年前，地球度过了又一次漫长的冰期，冰川融化，海面上升，更多的陆地植物生长，野兽回归，人类生存条件才有所改善。在法国南部的阿尔代什省的肖维岩洞，洞壁上绘有丰富的史前岩画，历史学家认为洞内岩画可以追溯至 32 000 年前。在中国，江西万年县的仙人洞遗址发现了迄今为止世界上最早的陶器，大约可追溯到 20 000 年至 19 000 年前。

冰期结束，那些在蛰伏中积攒的技能开始有了用武之地。大约一万年前，人类开始种植小麦、大麦和豌豆，从采集渔猎的生活向农耕定居状态过渡。在我们这里，目前有四个地方发现了万年之前的稻遗存，其中三个是洞穴遗址，原始人类食用的还是野生稻；而位于钱塘江支流浦阳江上游的上山遗址是露天遗址，说明上山先民已经走出洞穴，进入季节性半定居状态。那里还发现了整套的石镰、石磨盘、石磨棒等农业生产工具，提示考古专家河姆渡人开始耕种和驯化水稻。上山文化距今约 11 000 年至 8 500 年，是目前浙江乃至整个中国东南地区年代最早的新石器时代文化。

戴蒙德把人类的文明开化归因为地理条件，不同的地理环境决定了人类的行为方式，决定了他们在与自然共处中面临的压力和进化途径。他举的是亚欧大陆和美洲大陆的例子。亚欧大陆是东西向长条带状的大陆，在地球的地带性中趋于一致，在这里生活的部落人倾向于横向迁移，以进行更多的交流。南北美洲大陆则是一块南北向的长条带状的陆地，在地球的环境中，南北向意味着太阳辐射角度剧烈变化，几个纬度的差距下，气温水热条件就会有很大的不同。生活在这里的人因为环境的差异倾向于相互隔绝，也就难以交流、碰撞出更具高度的文明状态。

这是毋庸置疑的。一万年前，据多种推测地球上生活着几百万人口的人类。公元元年，全世界的人口已经超过了 2 亿人。人口呈爆炸式的增长，除了定居农业能够养活这么多人口，人与人的密切接触、聚合形成新的人文形态，也激发出生产力的飞跃，因果之间或许正如鸡和蛋的关系，是难分先后的。

距今已有 6 000 年的苏美尔文明的产生，似乎就是人类交流而文明升级的最好的例子。那里墓葬中出土的工艺品中有来自阿富汗的青金石，其产地距离两河流域足有约 2 000 公里，还有来自安纳托利亚的黑曜石。考古发现还有来自巴林的珠串和一些刻有印度文明文字的印章，提示着一个古老的贸易网络在那里成形。两河流域新月沃土上人类第一个文明出现了，彼时其他地方的人还在用手做陶罐，他们已经会用转轮。他们发明了战车，学会了纺织，制作了犁地的农具，还编写了农具使用手册，更在水利工程上大有进展。最重要的是他们已经能冶炼铜和黄金，发明了楔形文字，因此成为人类第一个古代文明。

成为文明的先决条件是什么？是更多的交流和文化碰撞吗？答案若在此，则从古印度到新月沃土到古埃及，四大文明古国中的三个具有得天独厚的优势，亚欧大陆面积达 5 000 多万平方公里，占世界陆地面积的五分之二，足够大，足以让智人游走其间。尤其是从南亚次大陆到中东腹地再到地中海，广大的土地间少有横向的高山大川，虽然土地洪荒且干旱，还是有颇多的东西向的绿洲、走廊给古人类以指引，帮助文明扩散。

可亚欧大陆最宽处，从伊比利亚半岛葡萄牙里斯本附近的海角，到我国华东的江浙地区的海岸线，有大约 13 000 公里。人类从非洲走出来时的确横跨了大陆，还登陆了美洲，可偏安亚洲大陆东端的我们与大陆中部和西部古文明的交流，想必是极端困难的，即使有也是以极低的频率，偶发性地交流。中国出土的年代最久远的金属器具是甘肃马家窑文化的青铜小刀，年代不晚于公元前 3 000 年，此处处于黄河上游，距离传统意义上的中原文明已颇为遥远。在更靠西的位于新疆罗布泊沙漠中的小河文化遗址出土的大量青铜器，年代在公元前 3 000 年至公元前 2 000 年，也都早于洛阳二里头遗址那尊著名的青铜爵。这不由得使人联想，我们的文明形态是否受到了更西边的亚欧大陆古老文明的影响？当然，也不排除西北地区青铜器是独立发展而来的，后传往中原地区。

地理单元相对隔绝的我们，文明进化是否有更为独特的路径？要在何种尺度上寻访地理密码？这是我一路思考的问题。

⊙ 六大区系与“重瓣花朵”

澳大利亚考古学家戈登·柴尔德首先将农业的产生作为区分新石器时代与旧石器时代的标准，而不是传统的以磨制石器和陶器为主要标志，并将农业的诞生称为改变人类经济的第一次革命，认为其在人类历史上的重要性可以与近代的产业革命相媲美。

迄今为止，中国考古人发现的中国最早的家畜是狗，出土于距今一万年左右的河北保定徐水区南庄头遗址。最早的家鸡出现在河北邯郸磁山，家鸡在中国驯化的年代可以上溯到公元前 5 400 年以前。最早的家猪则出现在 9 000 年前的河南舞阳县贾湖村，最早的乐器——骨笛也出现在贾湖。而最早的农耕定居遗址是浙江省浦江县上山的定居村落遗迹，被考古学界泰斗严文明评价为“远古中华第一村”。

苏秉琦是中华文明探源考古的主要奠基者之一，他提出了在学界有广泛影响的满天星斗说：中国文明如漫天繁星般出现，由各地文化共同孕育而出。这一学说横空出世，对应的则是此前盛行的中原文明起源说。苏秉琦先生提出了六大区系：有以燕山南北、长城地带为中心的北方；有以山东为中心的东方；有以关中、晋南、豫西为中心的中原；有以环太湖为中心的东南部；有以环洞庭湖与四川盆地为中心的西南部；有以鄱阳湖—珠江三角洲一线为中轴的南方。

严文明先生又提出了重瓣花朵说，他认为中国史前文化有核心而又多元，史前文化空间关系存在不平等的差序格局，即“中国史前文化是一种分层次的向心结构”，“中原文化区是花心”，“在文明的发生和形成过程中，中原都起着领先和突出的作用”，其他地区则是“花瓣”。

那些处于边缘的文明萌芽，诸如苏秉琦先生确认的我们国土上的第一个古国、位于辽宁和内蒙古交界处的红山文化，并没有能够延续下来形成王国。远在东南、长江下游的良渚文明也在繁荣千年后神秘消失。

关于边缘文明的消失，有着很多驳杂的解释，如环境变迁、原始人涸泽而渔，或者形成了难以持续的社会结构和生产方式。比如良渚的玉琮，在当时缺乏金属工具的条件下，刻画和钻孔时，后人推测要用夹带了沙子的麻绳一点点研磨、切割，制作起来耗时耗力。常州寺墩遗址出土的十二节的玉琮，据推算一位匠人或许得加工上数十年。古人在宗教或权力的宣示上，做了和当时的生产力不匹配的事，“体力”透支，就可能造成文明刚一萌芽就熄火。关于两种文明的突然消失，也有一种解释是大洪水。新石器末期向着王权国家过渡的过程中，人类离开了只有几十户规模的氏族小村落，聚集在城邦之中，面对大自然的环境变化本身就非常脆弱，稍有风吹草动，就可能被团灭。

如果人数少，居住分散，环境原始，一些自然灾难就不是问题。如穴居或巢居时，地震就不是问题，洪水也只能造成短暂的麻烦。可农耕状态的定居，尤其是当居住于高大厚实的房屋里时，这些自然灾害就会对原始人类造成致命一击。于是，从地理的角度，对中华文明的探源就转化为寻访气候环境最为稳定的一片土地。

⊙ 5 500 年文明起步

在位于西安灞桥区灞河与浐河之间一片坡地上的半坡遗址，有仰韶文化的一处典型生活场景，我看到宣传板上是这样总结 6 000 年前这个原始村落的村民为何在此生活的：这里依山傍水，便于先民们渔猎；这里是阳坡，日照充分有利于植物生长，也利于先民们身体健康；这里没有高山大川阻隔，交通便利，便于村落之间的交流；这里还位于浐河的二级阶地上，既能够得到饮水用水的便利，同时还避开了水害。自然条件上，这里无论是农耕还是采集、渔猎，似乎都是最完美的组合。

那时候的渭河谷地、八百里秦川，平原上密布着上千座村落，有一种说法是，那时村落的密度超过了现代。

可真是如此吗？根据仰韶村的选址，获得这样一个村址其实并不容易。2017 年，《地理科学》杂志上发表了一篇名为《郑洛地区史前聚落遗址人居环境宜居度指数模糊综合评价》的文章，南京信息工程大学地理与遥感学院的科学家以地貌、土壤、坡向、坡度、高程这 5 个指标构建郑洛地区史前聚落遗址人居环境宜居度指数综合评价体系，结果显示绝大多数宜居度高或较高的遗址分布在郑洛地区北部和中部的伊洛河流域，靠近河流交汇处及沿干流分布。

理想化的土地资源毕竟有限。来自国内黄河中游的考古发现证明，进入仰韶时期聚落开始了大发展，村落越来越密集，社会发展明显加速。套用重瓣花朵说，在华夏文明萌发的过程中，山东地区、中原地区、长城地带、辽西地区、甘青地区、长江流域，各区域文明鲜花盛开，花瓣饱满鲜艳，古人似乎有着无限可能性。可人口一多，选址就会是难题，文明的怒放，需一大片肥沃又避险的土地。

《枪炮、病菌与钢铁》中，戴蒙德在太平洋岛国上观察到人口密度和社会复杂程度的关系，一般来说，人口越多、人口密度越高，技术组织就越复杂，专业程度就越高。简言之，人口密度高时，只有一部分人最后成为农民，他们被调动起来去专门从事集约型的粮食生产，从而产生剩余的粮食去养活非生产者。在人类向文明状态转变的过程中，既需要人口数量，又需要人口密度，两者需要共同作用以推动文明的发展。

严文明的结论是，中华文明出现是在 5 500 年前。在那之前，仰韶文化的遗址显示村落里边居所差异性不大，墓葬也差不多。距今 5 500 年开始，一些典型的贫富差异出现了。河南灵宝西坡遗址发掘出了宫殿式的房屋，足有 200 平方米大，墓葬和用具也是颇为特殊的，专属于某个阶层。在山东泰安大汶口，大房子出现了，墓葬也分出了等级。此后，多地出现了城墙，建造城墙的目的绝非抵御野兽，它说明人类之间的战争开始了。再之后有城墙宫殿的基址中竟然发现了用人与牲畜来奠基。所有这一切都说明社会有了多余财富，阶层分异出现，有些地方人开始不把人当人看，奴隶、贵族、战俘、主人，分异变得越发鲜明，所谓的文明出现了。

⊙ 走向中原

如果按照中国社会科学出版社出版的《商代史》推算，夏朝初期的人口为 270 万[①]，夏之前人口只会更少。可就在那个时候，汾河边上出现了一座夯土大城——陶寺。从陶寺向西向北过了黄河，陕北高原上有另一座大城，且是石头垒成的城池——石峁城。百万级别的人口，其数量已经达到了一个重要的门槛，剩下的则是人口密度了。人口要相对聚集，多交流，多碰撞，才能产生文明的火花。

我们看仰韶和龙山文化的遗址分布图不难发现，村落基本分

① 宋镇豪．商代史：卷 1．北京：中国社会科学出版社，2011：130．

布在河流的两岸台地上。先民们既要得水之利，又要避水之害。黄河彻底出山以前，渭水、汾河还有黄河干流的台地，都是两种文化的主要聚居地。可当黄河出了山，过了郑州开始摆动以后，两种文化的遗址就少多了。山东丘陵地带大汶口文化遗址相对密集，是因为那里是丘陵地带，并且村落也远不如黄河中游密集。华北平原上仰韶和龙山文化遗址的一个密集区域是太行山脚下，这里地势相对高，土地相对干燥。

当远古人类聚集于城市之中，可建房材料还主要是夯土、芦苇和茅草的时候，其实先民们遇到的麻烦是很多的，恐怕最大的麻烦就是我们前面提到的台风和暴雨。和以夯土为主的城市屋宇相比，半地下式的茅草房里的乡村农耕生活对暴雨的忍耐程度或许还高一些。

中国最早的瓦片出现在什么时候？最多的说法是出现在陕西岐山县西周早期宫殿遗址，不过，《周书》中记载神农作瓦器，神农氏所在的时代要早得多了，有了瓦，宫殿和城市里的房屋就不怕暴雨了。

2002 年，陶寺遗址出土了 104 片陶板状器物残片，经判断是瓦片，这就把中国瓦片的历史往前推了千年。后来，考古人员又在陶寺西北位于陕西神木的石峁遗址发现了瓦片，石峁和陶寺时期相当，有了瓦片，人类的聚居生活免去了一个忧患。这或许也解释了为什么王国时期的文明是从汾渭盆地开始的。

提到夏商西周三代的宫室，后世有所谓“茅茨土阶”的表述，意思是哪怕是帝王所居，屋顶盖的也仅仅是茅草，台阶再高也不过是夯土所筑。这当然要站在历史的角度看，那时的高台阶厚茅草应该已经足够威严了。其实我们不妨从黄河大小支流边上的仰韶和龙山文化的村庄去思考，那里的土地里埋藏着众多的陶罐，仰韶是彩陶，龙山是黑陶，我们不仅为陶罐的图案所折服，也感叹于先人烧制的智慧和技艺。既然陶罐能盛水，那陶片挡水按理说不难联想到。只不过满房顶放上陶片，对于半地下穴居的石器时代的人类还是太奢侈了。一旦社会财富膨胀到一定程度，且阶级分化到一定程度，掌握权力和财富的人按理说不会吝惜把陶片放到房顶去挡雨。和商朝同期的湖北盘龙城遗址宫殿式建筑的屋檐下便铺了一圈碎陶片“散水”，防止雨水冲刷地面。[①]

其实在比殷墟年代更早的郑州商城，学者们也曾发现了成片的瓦当。在明代以前，尽管我们已经有了秦砖汉瓦，但民间的房屋山墙还是泥土墙，为了防止被雨水淋塌，屋檐还是要悬挑出来——房顶称为悬山顶。这也说明了一个道理，技术水准即使达到了某种高度，如果社会财富不足以支撑，好的技术还是没办法进入寻常百姓家。

不过从传说中不难看出，尧舜禹所在的时代可真是一个技术飞跃的伟大时代，伯益发明了凿井技术，奚仲发明了车，仪狄首创了粮食酿酒。古人的能力有了巨大的飞跃。

后来古人有了更强的能力，学会了冶炼金属，还有了复杂的

---

① 李硕．翦商：殷周之变与华夏新生．桂林：广西师范大学出版社，2022：147．

社会组织形式，能够征集调动大队的劳力了，他们就渐渐地从被太行山和秦岭保护的桃花源迁了出去，去沐浴中原更广大的土地上的风雨了。如今，在洛阳偃师二里头遗址前面挂上了夏都遗址博物馆的名头，按照二里头考古队队长许宏的说法，那里出现了广域文明王权国家。伟大的中华文明先在汾渭盆地的桃花源里孕育，继而出走中原成长壮大起来。而随着中原大地河流的疏浚、沼泽的开发，夏商周三代也在更广阔的平原地带蓬勃发展起来。

第十章

串珠式盆地，文明交汇的台阶

远在 3 000 万年至 2 500 万年前，在喜马拉雅运动的作用下，大山深处地壳断开，形成了长达 1 000 余公里的汾渭大裂谷，裂谷中的盆地北高南低，构成了植被气候的渐变式差异。

20 世纪初英国地理学家詹姆斯 · 费尔格里夫写作的《地理与世界霸权》提出地理因素对文明的控制和保护概念：文明的发展需要一片不大不小的土地，同时又与外界相对隔离以获得某种形式的地理隔绝保护。他列举的例子包括沙漠环境中的古埃及、沼泽和草原中的巴比伦与亚述、被海洋包围的伊比利亚半岛以及现代工业文明的起源地——海岛上的英国等。

⊙ 串珠式盆地

山西汾渭大裂谷上的串珠式盆地，最北是大同盆地，向南依次是忻定盆地、太原盆地、临汾盆地、运城盆地。盆地的规模都不大，如大同盆地面积约 5 100 平方千米、忻定盆地约 2 200 平方千米、太原盆地约 5 000 平方千米、临汾盆地约 5 000 平方千米、运城盆地约 3 000 平方千米。

不厌其烦地罗列盆地的面积，其实是想强调一个事实：这些盆地在全国的盆地中，规模都是比较小的。作为对比的是，全国四大盆地之尾的四川盆地，面积 26 万平方千米，临汾 – 运城盆地对面的关中平原面积 3.6 万平方千米——比山西的六个盆地加起来还要大。不过相对于汉中盆地和南阳盆地，三五千平方千米的规模也算不得太小，那些在中国古代有着显赫名声的地方，也不过如此。

26 万平方千米建一个国家绰绰有余，诸葛亮给刘备出的偏安之策就是夺取益州建蜀国。诸葛亮“躬耕于南阳”，又数次从汉中出发北伐，小面积的盆地似乎也是暂安之所。但对于建国，三五千平方千米就太小了，很难作为割据势力的根据地。地方狭窄，不足以养兵拒敌。故而盆地的大小，隐隐地决定了它在历史中的作用。

除了面积，高度也是一个重要的地理参照，汾渭大裂谷上的盆地，从内蒙古高原一路延伸到中原腹地，高度上均匀下降，如同下台阶。大同盆地海拔 1 000 ～ 1 100 米，忻定盆地海拔 800 ～ 1 000 米，太原盆地海拔 700 ～ 800 米，临汾盆地海拔 400 ～ 600 米。我们知道，通常海拔每升高 1 000 米，大气温度会下降 6℃，再加上串珠式盆地从北向南延伸，越往北海拔越高，越往南海拔越低，山西南北的气候、农作物乃至当地人的风俗习惯都因气候而大有不同。

山西串珠式盆地示意图

内蒙古高原伸向中原腹地的其他通路，则是完全不同的地理景象。山西以东太行山与内蒙古高原的交界处，山体巍峨，道路陡直。八达岭长城隔开了农耕区和游牧区，北京和张家口口外两边生活迥异，人们在狭小的关口交易互市，缺乏融合平台。山西西面的黄土高原，即使南至延安，海拔也还在千米以上，到了关中平原的边缘才由山体将平原与高原分割开，农耕和游牧民族的交流缺乏平坦的缓冲地带。

山西串珠式盆地无疑起到了台阶的作用。甚至在华夏文明的起源时期，一级级的台阶还帮助农耕和游牧民族互相适应对方的生活，相互交流，碰撞出文明的火花。只可惜这方面的研究还比较少，我在游走中试图寻找一些民族交流融合的影子。可惜，故事先要从互相提防讲起。

⊙ 戎狄

传说禹定九州，大禹在治水过程中，将中华大地划分成冀州、兖州、青州、徐州、扬州、荆州、豫州、梁州、雍州等九州。中华文明彼时由松散的部落联盟形成了王权国家的样貌。不过以现在的眼光看，那时候由王朝控制的国土面积是很小的，四周皆非王化之地，充斥着夷蛮戎狄。其中“夷”指东方的民族，“蛮”指南方的民族，“戎”指西方的民族，“狄”指北方的民族。这些化外之地的民族，是否都是游猎游牧的未开化民族呢？其实也不一定，但相对于中原民族，或更为原始一些。戎狄，生活在西方或北方，游牧的成分应该更多一些。

至于那时候是否有了农牧之分别，美国汉学家狄宇宙在《古代中国与其强邻》里讲到游牧民族的形成。其实，所有的家畜都是在人类实现定居之后驯化的，故而游牧生活的出现，相对于农耕更晚。而游牧要有车马驮运生活物资，在青铜等金属出现之后，车辆才能足够结实，以适用于长途跋涉。故而在中华文明形成之初，彼时相对于华夏民族，周边的人民未必是游牧民族。但人类驯化马的历史却相对早，可以追溯到 6 000 年前，北方草原适合养马，戎狄与华夏人的生活方式也想必不尽相同。[①]

西周灭亡，其实就是被犬戎所灭。那个昏聩的周幽王，烽火戏诸侯，及至犬戎真的来袭，各路诸侯已经不愿意被戏弄，无人勤王，周幽王被犬戎所杀。平王迁到洛邑重建东周。这听起来和后来的金灭北宋似乎有些相似之处，但那时候的犬戎就生活在黄土高原上，离西周的都城丰镐很近。

秦人本在天水一带为周王养马，在辅助平王东迁的过程中有功，遂成诸侯，这是后话。北京大学历史系阎步克教授在古代史的教学中特别提到秦人的丧葬习俗——侧肢葬，即是典型的戎狄葬俗。

西周时期，晋国曾两次迁都，先从唐迁至故绛（翼），又从故绛迁至新绛（新田），但始终是在晋南的狭小区域，即临运盆地范围内，那时候晋以北是戎狄的活动地区。

晋之立国，有桐叶封地的说法。周成王时，唐国发生内乱，周公灭了唐。这里还有一个有趣的故事，晋国的开国国君唐叔虞

① 狄宇宙．古代中国与其强邻．贺严，高书文，译．北京：中国社会科学出版社，2010：45．

是周武王之子、周成王的弟弟，儿时叔虞与成王玩耍，成王把一片桐叶剪成玉圭的形状，对叔虞说要封他，不过是两小儿戏言，旁边的史官却说君无戏言。于是把叔虞分封在唐地，后来此地又改为晋。晋国的都城翼在夏都安邑附近，北又有戎狄，晋国既要防范夏遗民造反，又得提防北方的骑马民族，责任重大。

晋立国之初处于周王朝势力范围的北端，周边戎狄杂处，故晋人尚武。《左传·襄公四年》记载了这样一件事，晋悼公爱好打猎，北方的犬戎来求和，他不以为意，认为犬戎不认亲情且贪心，不如攻打他们，大臣魏绛开导他：

和戎有五利焉。戎狄荐居，贵货易土，土可贾焉，一也。边鄙不耸，民狎其野，穑人成功，二也。戎狄事晋，四邻振动，诸侯威怀，三也。以德绥戎，师徒不勤，甲兵不顿，四也。鉴于后羿，而用德度，远至迩安，五也。君其图之！

大意是，戎狄追水草而居，不在乎土地，我们可以跟他们交换。结了盟好，边境无战事，民可安生，戎狄事奉晋国，四边邻国为之震动，诸侯们因我们的威严而归服。晋悼公被说服了，遂与犬戎修好。这从侧面说明，春秋时期处于华夏边缘的戎狄已经开始游牧了。

春秋时期晋国的霸业始于流亡了 19 年、62 岁才成为国君的晋文公重耳。晋文公鼓励垦殖、改进农具发展生产，还降低关税吸引邻国商人贸易，短短十余年时间就把晋国建设成了强盛之邦，又协助周襄王平定其弟的叛乱。襄王赐其四地，晋国南部疆域遂扩展至今太行山以南、黄河以北一带，晋文公于是成为春秋五霸之一。晋国的强盛，其实是建立在土地制度转型的基础上，那时候诸侯开始鼓励农民垦殖土地，农民因占有了土地而富足，也逐渐获得了政治权力，生产力开始爆发。

重耳流亡 19 年，归国后大赏功臣，分封了那些追随他的人，也为晋国的分裂埋下了祸患。大约 200 年后三家分晋，春秋时代正式落幕。若非一分为三，以晋国的地利和国力，由谁来统一中国也未可知。三家分晋后，韩、赵、魏三国逐渐把都城迁移出了三晋大地，且都成为战国七雄，再次说明了山西乃潜龙之渊，能在山西崛起，到了中原就怀有了雄霸一方的实力。赵国将都城迁到了太行山脚下的邯郸，赵武灵王胡服骑射是汉族主动向胡人学习的最著名的典故了。

⊙ 台阶与文明?

这里提到的犬戎重货物轻土地，与晋人的安土重迁，其实构成了一种对比，也形成了潜在的贸易关系。

人类是如何进入文明社会的？农耕社会生产出足够多的粮食，有了剩余，人们没必要把精力全都用在种植和养殖上。人员分化了，有人专门当起了管理者，这肯定是原因之一。

但在这一过程中，是什么因素促成了人员的高度组织化？

这方面有多种理论假说，大致可以分为两类。一类是自愿合作或契约说，如因为水利灌溉的需要，古人要组织起来。[①]另一类则是冲突胁迫说，即战争起源说，部族之间或是由征服、抵御外敌造成权力集中与阶序化，或是由气候变迁造成农业定居与混合经济人群间的资源争夺等。还有石器时代技术进步与社会分工方面的解释，食物大量剩余、多样化的农耕经济以及水利灌溉，都在早期文明的产生中至关重要。另外还有谷物起源说，谷物看得见、可分割、可估算、可存储、可运输，可以作为一个征税基础，从而在早期国家中扮演着重要角色。

晋南临汾、运城这片土地上，似乎所有初期文明起源的理论都适用，这就是它的神奇之处。盆地北部与东部是地势更高的游牧区域，往北则是更为寒旱的地理环境，牧人一批批向南挤压，形成威压之势，同时牧人又没有大兵压境把农耕部族劫掠一空的能力。双方的互动是渐进式的，因而有了相生相长的可能性。部落之间于是形成联盟。

4 300 年前，气候急剧转冷，北方牧人的进逼压力趋紧，这片土地上出现了血腥战事。陶寺都邑在晚期遭遇了城墙被毁、宫殿被拆、王陵被挖，并伴有恐怖的暴力行为。在一处倾倒石器、骨器的深沟里，散乱地堆积着六层人骨。这被解释为发生了一起平民推翻贵族的“暴力革命”，这是部落联盟出现后，人群严重分化后的一次反噬。而在这之前，是否频繁发生着族群争斗也未可知。

---

① 水利催生文明产生的说法来源于魏特夫；冀朝鼎在《中国历史上的基本经济区与水利事业的发展》中，揭示了水利灌溉工程对于古代王朝存续和更迭的意义。

⊙差异化、渐变化的土地

如果要在古代中原的大地上，寻找一片差异化同时又是渐进差异化的区域，恐怕非晋南这片土地莫属了。可惜时代久远，我们已经没有办法身临其境，只有通过当下的行走和观察，去感知这片土地上的多样性。

2023年10月中旬，我再次前往晋南，这次是从河南安阳向西，沿着太行山间一条狭窄的山涧，坐长途车上到太行山顶。这条路坐落在太行八陉最宽阔的滏口陉的南侧，却是极端地崎岖蜿蜒。这里是南太行最高的山体所在，河流切割出数百米深的大峡谷，暴露出一层层平叠的石灰岩，告诉我们这里曾经是大海的世界。五指峡、龙泉峡、红豆峡，一连串的峡谷，一个接着一个，遮天蔽日。越往上行，峡谷越发狭窄陡峭。山下此时还是万木葱茏，山顶树木已变了颜色。汽车在谷底蜿蜒爬行，你能感到越来越冷，溪谷里的树木树叶也红了，山下还是夏天的尾巴，山上则是秋意浓郁。

一路上民宿和酒店星星点点，如今这里已开发为著名的太行大峡谷旅游区。因为太过窄而险，大峡谷的一段也被称为“羊肠坂道”。三国时，曹操把都城迁到邺城，就在安阳的边上，当他率军通过羊肠坂道时写下了《苦寒行》：“北上太行山，艰哉何巍巍！羊肠坂诘屈，车轮为之摧。”这一带的关口称为壶关，犹言口小肚子大，一夫当关，万夫莫开。

上了太行山，我凭着往常的登山经验，想汽车应该会再沿着

太行山峡谷

山路盘旋而下，却没等到下山路，而是行驶在漫山遍野的玉米地间。路上我看到了饲料加工厂，还看到了畜牧服务站，农与牧在舒缓的山地间交会，林荫道伸向广阔的丘陵山野。原来山西东南的大片区域处于太行山之上半高原的山顶地带，古时就有“上党”之名。“上党”的名字里就包含着地势高拔的意思，所谓“上党地高，可以天为党”。这里俯瞰中原，是秦人一统六国的堡垒之地，秦赵两国在此开始了战国时期最惨烈的长平之战，这片土地埋葬着赵国 40 万投降军士的冤魂。

高拔之地却非平地，宽阔的山谷与连绵的山峰各自伸展着，环境绝佳，这里的晋中市正在把自己打造成康养之城。而在古代，想必是更为宜牧的区域。晋东南还是煤铁之乡，冶铁的历史可以追溯到战国，此后也因为采掘和冶炼富甲一方。明清两代的沁水河谷边，乡民们筑起了几十座古堡式村落，用来保护财产不被劫掠，其中有的古堡的城墙就是用冶铁的坩埚砌造的。

回到四五千年前的临汾–运城盆地，这里是湿热的气候，农人们在汾河河谷的黄土地种植庄稼，水深土厚。晋中盆地气候稍冷，是游牧部族的地盘，晋西南的高地也适合游牧，每片土地都有着不同的植被和动物。而三片土地的连接，又是逐渐过渡的渐变状态。相信牧人与农人也是相互整合地生活在晋南这片土地上。牧人售卖牛羊，农人出售黍和粟，偶尔也有争战和抢劫，也有坐下来谈和的时候。难怪后来的魏绛告诉国君，可以向不看重土地的戎人购买土地，言下之意是可以大打折扣，很便宜地扩展领土。

⊙ 司马迁之地理分隔线

司马迁在《史记·货殖列传》写有这样一段：“夫山西饶材、竹、谷、纑、旄、玉石；山东多鱼、盐、漆、丝、声色；江南出楠、梓、姜、桂、金、锡、连、丹砂、犀、玳瑁、珠玑、齿革；龙门、碣石北多马、牛、羊、旃裘、筋角。”这段话后来被地理学家解读为全国各地的物产有差异，同时将全国按物产分为四大经济区：山西、山东、江南、龙门—碣石北。尤其龙门—碣石北的牛与羊，分明是现代意义上的农牧分割线。

龙门在何处？一说在陕西韩城，一说在山西河津。但似乎也不重要，两地隔黄河而望，黄河在此出了山，流入汾渭河谷，向北是茫茫大山高原，向南则沿着黄河，一边是关中平原，另一边是运城临汾盆地。至于碣石在何处，曹操“东临碣石，以观沧海”的碣石山在今河北昌黎西北，即当今的山海关一带。从龙门到山海关，我们不能设想司马迁就如同现代地理学家胡焕庸，画了一条直线，2 000 年前的地图并不精准，司马迁也不会想到龙门、碣石不在一个纬度上。可今日，当我沿着龙门山到太岳山再到太行山燕山，从内陆向海沿山而行，能明显感到平原之湿热和高原山地之干冷，这就是南北与垂直高度双重因素作用下的气候分异。当然，今天我们有了更为精确的测量方法，400 毫米等降水量线还要更靠北一些。但古人并不精耕细作保持土壤温度，也没有如今巨大的人口压力，晋中寒凉的盆地自可放牧牛马。实际上汉唐时这里都是养马的重地，否则面对匈奴和突厥铁骑，中原王朝是没有招架之力的。

司马迁的龙门—碣石线，是文明起源于农牧交界线的另一个注解。

⊙ 楔子钉在山口上

在山西行走，一个显著的印象是关口重重，以“关”命名的地名实在太多，娘子关、宁武关、偏头关、平型关、雁门关，三步一关五步一岗。一道长城不够，明代又在这里修造了内长城、外长城两道长城防线，长城外又是一长串的堡垒，真是步步为营。

有一次我从北向南纵穿山西，从忻州所在的忻定盆地到太原，经过小五台和官帽山之间的石岭关垭口。石岭关自古就是太原的最后一道外围防线，唐初突厥骑兵南下、宋初契丹军队救援北汉以及金兵南侵，都曾在此激战，明代修建的关城和阎锡山修建的碉堡群至今尚存。

清末石岭关

随后一路下坡，那感觉就如同从高原上一路下到谷底，俯冲到了楼宇密集的城市。如今的太原城，就如同一个高楼大厦的建筑绑在一起的楔子，插在了汾河的出山口上。当然，从建筑的年代看，之所以把这个出山口塞满了，还是因为近年来城市扩张得太快。从历史上看，太原城几次迁移，春秋到唐代的城池都是在现代城市以南很远的地方。宋太宗赵光义久攻晋阳城不下，恼羞成怒，先是火烧又是水淹以断其王气，后来再建城似乎只好向北方选址。[①]

至于为什么选在了狭小的出山口上，其实是可以合理推断出来的。宋代以后，受频繁战乱的影响，山西在经济、政治上的作用明显下降了，更多的是以边关的面目出现，故而晋阳城的目的就是守住关口——北移像楔子一样直接钉在出山口上，是其边塞功能最直接的体现。

《孙子兵法·地形篇》里有这样一条：“隘形者，我先居之，必盈之以待敌；若敌先居之，盈而勿从，不盈而从之。”通俗地说，便是两山夹一谷的地形，要努力先占据，且要占满，完全堵住；如果敌军先占领隘口，且重兵据守，则不要进击，如果敌人没有重兵据守，则迅速占领它。北汉地瘠人少，却能坚持到五代十国的最后，除了城高池阔，还在于其地势正所谓隘地，是易守难攻之地。

宋太宗为什么对晋阳城恨之入骨？他曾三次攻打而不得。而北汉，这个夹在宋与契丹之间的地方割据小势力，连他哥哥宋太祖都很忌惮。太祖之所以制定先南后北的统一方针，一个重要考虑就是北汉易守难攻，军队强悍，又与宋的北方劲敌契丹成犄角之势，是一个非常难啃的硬骨头。

历史上南方王朝征伐北方鲜有成功的，就因为中国地势北高南低，北方民风强悍。赵匡胤陈桥兵变从后周得国，后周皇帝

① 据宋人李焘的《续资治通鉴长编》、元代脱脱修撰的《宋史》以及《宋会要辑稿》中所收的宋太宗的一封诏书。

柴荣军事上比赵匡胤厉害得多，他的统一方针是先北伐收回燕云十六州，可惜半途暴病。历史不容假设，后来赵匡胤正欲北伐，也“烛影斧声”而暴亡。统一的任务留给了其弟赵光义这个能力平平的帝王，他使出全力也不过灭了北汉，再向北却无功而返。20余年的战争打下来，不仅燕云十六州夺不回来，北方也门户洞开，后来宋真宗只好与辽国缔结“澶渊之盟”。

如果说“澶渊之盟”开启了中原民族与北方民族的和平相处模式未免夸张——汉代就有和亲的传统，但“澶渊之盟”后，宋朝每年供给岁币，宋辽百年间不再有大规模的战事。礼尚往来，辽国边地发生饥荒，宋朝会派人在边境赈济，辽国也多有友好举动。

⊙ 沙陀人

赵光义火烧加水淹，彻底废弃了晋阳城之后，当地的行政功能却不能撤销。治所先是搬到了榆次——太原东面太行山下的城市，可榆次偏于一隅，并非阻碍北敌犯境必经之路。最后不得不在现在太原的位置上建城，城池更靠北，处于橄榄形盆地的尖端，用很少的兵力就能阻住大军犯境。

解放前的太原城还有很多丁字形的路口，后来因为交通不便才一个个打通改成十字形。据传，赵光义尽毁晋阳城后，重建城池时听从了大臣的建议建丁字街，目的是钉死这里的龙脉。隋末李渊兴兵于此打下了大唐江山，五代十国时期北方的政权后唐李克用、后晋石敬瑭、后汉刘知远皆在此发展壮大，再南下黄河沿岸的洛阳、开封建都称帝。刘知远还是太原人，就连女皇武则天也是太原边的文水人，称这里是龙兴之地再恰当不过。

太原街道布局异于常规，更合理的解释则是太原城各个方向的城门错开，路口呈丁字形是为了防御敌人——在丁字路口，进攻方视野受限，守城兵士可乘机截击。

还有一种解释则是，这里风沙大，丁字形路口可阻断风沙。在太原盆地的南缘平遥古城，道路也并非完全的井字形结构，有错位的现象，但不明显。使我惊奇的是这里房屋的格局，临街的

平遥古城民居的高大山墙

山墙异常高耸，且面向街道的墙上皆不开窗户，房顶只有一个向着院落的斜坡。这是“平遥古城十大怪”之一“房子半边盖”。房屋单坡内落水，使人联想到的是“肥水不流外人田”，但从侧面看足见雨水的珍贵。临街不开窗，使人联想到的除了不露财，也和当地风沙大有关系。如果再联想到晋南沁水河谷的城堡式村庄和宅院，古人居所的防御性质就更为彰显了。

见识了平遥古城高大的青砖院落，被这里古人的富裕所折服，可在城外向农人打听农作物的收成，得到的却完全是另一种印象。原来这里土地瘠薄，雨水稀少，晋商是因为太穷了才走出山西去全国开票号的，通天的富贵是被太原盆地的“穷山恶水”逼出来的。“穷山恶水”？盛夏中的我对此是没有感受的，这里气温凉爽，再向南走，温度就是三十七八摄氏度了，那是炎炎夏日中最难熬的气候。

太原盆地算得上是避暑胜地，可对于种庄稼就并非理想之所。相距不过上百公里，太原盆地的气温要比临汾盆地低上五六摄氏度，那里庄稼一年长两茬，这里只能种一茬，前些年还种小麦，现在因为酿酒酿醋利润更高，干脆就种上了更耐寒的高粱等作物。

五代时期，后周开国皇帝郭威还是后汉皇帝刘知远手下大将的时候，对主公说过这样一番话：“河东山川险固，风俗尚武，士多战马，静则勤稼穑，动则习军旅，此霸王之资也。”(《资治通鉴》卷第二百八十四）所谓河东，指的就是今天的山西地区，这里有山川之险，且“风俗尚武，士多战马”。哪儿来的战马？要知道因为中原缺高品质战马，隋炀帝征吐谷浑的时候，听说青海湖有一种龙马，竟然征集了 2 000 匹母马，企图借种。[①] 山西中部和北部地势高、气候寒凉，正是牧马的好地方。据有之，则获得重要的战略资源。

五代梁、唐、晋、汉、周，五个朝代出了三位山西沙陀人开国皇帝，也是奇迹。沙陀族本为西突厥族的一部分，居住在新疆一带，有唐一代一步步向东迁移，有的在唐末的乱世中崛起，受到唐朝皇帝的封赏，还被赐以李姓；有的草莽出身，一步步以军功晋身。每到乱世，山西表里山河、山川险固的特点就发挥出来，枭雄并起。有趣的是，五代的沙陀人早已不认为自己是蛮夷，反而称契丹人为蛮子。

⊙ 胡化与汉化

在山西的串珠式盆地中，北部的盆地处于农牧交界带，宜农宜牧，南部的盆地则是典型的农耕地带。春秋时期诸侯中最强盛的晋国主要是在南部的盆地上开疆拓土的，如今旅游博主以晋祠为背景大讲晋国如何称霸，大讲三家分晋，其实是不了解那一段历史。

使我稍有不解的是，按照如今普遍的说法，马镫的发明是在汉朝，没有马镫的加持，骑兵在马上坐不稳，是很难近战的。在

① 《隋书》卷三“帝纪第三”云：“置马牧于青海渚中，以求龙种，无效而止。”

颠簸的战马上骑射，命中率似乎也比不上立地射箭，赵武灵王为什么要学胡人？其实学的并不只是射箭，还包括胡人简便的装束、骑兵的机动性。战国时期的对战异常残酷，将军们驾驭战车，士兵跟随围护，连战马也披上铠甲。胡服骑射开启了另一种风气，以机动性、灵活性对抗重装甲，是一种进步的尝试。

后来访问历史地理学者韩茂莉的时候，韩老师告诉我，她在鄂尔多斯博物馆亲眼见到过 3 000 年前的马镫，游牧民族使用马镫、马衔铁是很早的事。拉铁摩尔在他的《中国的亚洲内陆边疆》中反其道而行之，从胡人的角度解释胡服骑射：赵国直达内蒙古的边缘的扩张——经由赵国向外发展的汉族文化就越过了有利于其发展的环境，在新到达的土地上，汉族不再能同化当地的居民，反而要被他们拉走而离开中原。在拉铁摩尔眼里，胡服骑射是一个标志性事件，自此游牧民族彻底成熟了。

山西在民族融合上的另一个壮举则是北魏孝文帝的汉化改革。北魏的都城原在大同，孝文帝以南伐之名迁都洛阳，并且全面改革鲜卑旧俗——以汉服替代鲜卑衣装，以汉语替代鲜卑语，迁到洛阳的鲜卑人籍贯全改成洛阳，连皇族的姓氏也改为元姓。孝文帝的改革不可谓不彻底，连法律都参照南朝的法律，反对者一律被镇压，还鼓励鲜卑人与汉人通婚。

孝文帝的一系列改革加快了中原地区民族融合，缓解了尖锐的民族矛盾。但对于巩固北魏的政权似乎效果不大，很快，北魏分裂为东魏和西魏，继之以北周和北齐。

孝文帝改革似乎还加剧了统治集团内部矛盾，为分裂埋下隐患。其嫡祖母冯太后之前的改革具有更多实质内容，有着更深远的影响。封建王朝一直是男权社会，北魏偏偏出现了一位风流的冯太后，她虽风流，治理国家却有一套。那个时代天下大乱，游牧民族占领中原，在农耕地区却仍用原来的模式治理，士兵将官没俸禄，全靠抢劫生活，中原大地十室九空，土地荒芜。冯太后适时推出均田政策，增加了官府税收，再给百官以俸禄，官员不可自酬，贪赃重者即处死。自此民生恢复，北魏大有一统江南江北的气象。后来的隋唐政治，很多政策沿用的是冯太后的改革措施。如果孝文帝不那么激进，历史或许要改写。

游牧民族南下、民族融合似乎都发生在乱世——太平犬胜过乱世人的时代，可不管怎样，在一个过渡性的环境里，民族间互相了解，学习对方的生产技能和生活习性，进而在文明的交汇点上生长出新的能力和知识，都是社会进步的助推力量。这样的接触远胜于两个完全陌生的族类在陌生的环境里突然遇见仓皇失措以致冲突。文明是潜移默化地成长，冲突与敌视则萌生于鲁莽的不期而遇中。

⊙ 山西话

山西真是一个神奇的所在。在北方，人们走到哪里都能大致听懂对方说话，唯一听不懂的是山西话。北宋后中国北方的语音语调开始发生明显变化，唯独山西独守古音。山西还拥有着国内最多的古建筑，所谓地下文物看陕西、地上文物看山西，独特的地势令山西偏安于北方的乱世之中。但无论三国两晋南北朝还是五代十国的国家动乱频发期间，山西都扮演着举足轻重的角色。

有史料记载下来的民族融合，其实对理解山西串珠式盆地的意义都不大。凡是记录于典籍的，都是文明社会已发生的，而文明出现前的阶梯带给先民们的启发才是最重要的。这就如同古埃及文明的起源，那里是干旱的撒哈拉沙漠腹地，本不适于人类生存，可尼罗河流经热带草原，那里一年分干湿两季，河水一年一泛滥，给尼罗河下游的河谷带来了富饶的土壤。草木一年一荣枯，这个简单的信号太明确了，给古埃及人以启发，那里出现了依托洪水的原始农业，又因为每年要丈量划分土地，更高级的文明产生了。

对于生活在山西诸盆地的古人，或许也一样，出行不必很远就可农耕或放牧，两种完全不同的生活一定对先民的头脑有着强烈的刺激，进而激发出文明的种子。华夏大地原始先民的种种传说中，就不乏华夏正宗与戎狄蛮夷的争斗和交往，那是促进社会进步的动力。

第十一章

盐湖，文明聚合的“神助攻”

远离海洋的内地，一片盐湖的出现吸引了古人聚拢而居，还催生了交易。而人口密度增加对文明的产生起到了催化的作用。

世界上第一座城市出现在 11 000 年前，是位于巴勒斯坦的耶利哥。耶利哥是美索不达米亚地区第一个大型聚落，也是人类发掘出的最早的石质城墙的所在地，那里的文明绵延不绝。为什么在那里出现了人类第一座城市？一个推测是因为城市周围有丰富的泉水。那里的高度比海平面低很多，处在有“地球的肚脐”之称的死海边上，低海拔使得地下水源源不断地涌出，就如同自来水一样。在没有学会打井之前，原始人类只能在河边居住取水，可在干旱地区，河流的水源却并无保障，反而是从地下涌出的泉水可以汩汩不绝。

低地势还有另一个好处，就是水源只能进不能出，形成的是一片死水，蒸发出满池的盐晶，是为“死”海。古人因此聚拢过来，人口因盐而密集。

⊙ 中条山上的风

2022 年夏天我来到了有“中国死海”之称的运城盐湖。那一天赶上大风，高速路边的宣传标语被吹得在风中飘舞，马路上行道树不停摇晃。盛夏大风又不下雨，在北方很少见，一时间颇为惊奇，问当地人，原来这里风本来就大。而中原腹地最大的内陆湖，也是世界上三大硫酸钠型盐湖之一的运城盐湖，据说就是风吹出来的，因为风加快了水蒸发，盐湖遂成。

每年夏天，总有那么几天运城的盐湖五彩斑斓，那是因为温度升高，湖水硫酸钠浓度上升，盐湖中的藻类和盐水虫繁殖，使湖水变幻出洋红、粉红、紫红等美丽的颜色。可惜我看到的是一片浩渺的波光连通到中条山的脚下，有绿色的水、蓝色的山和风中摇摆的垂柳。每年冬天这里还会有火烈鸟出现，这种长腿的、体态优雅的鸟类不知从哪里迁徙而来，在少有人迹的盐湖边缘觅食。可以肯定的是，吸引它们的是这里咸碱性的湖水，火烈鸟喜欢栖息于温热带盐湖水滨，涉行浅滩，以小虾、蛤蜊、昆虫、藻类等为食。这里的盐池，除了中央的大池，其余部分被分割为一片片的小池塘用来晒盐，盐田呈井字形，因为浓度差异，颜色有深有浅，倒映着天光。

在“70 后”“80 后”的中学课本里有一篇课文《中条山的风》，讲那里的风多么猛烈可怕。一位刚入伍的小战士，刚来到营房，只见一排青砖瓦房、几行大叶白杨，背靠巍峨的高山，面临白茫茫的大盐湖，那感觉简直像在图画中一样。可是到了傍晚，一股山风从中条山背后刮过来，开始只飘着细小的尘沙，眨眼间，大叶杨被刮得东倒西歪，地上的干草落叶被刮得到处乱飞，大粒的沙石生气似的敲打着窗玻璃。

中条山区有一首民谣：“条山一场风，年头到年终。一天进嘴四两土，白天不够夜里补。”中条山之所以风大，我想和它周边的地势有很大关系，如同在城市里，楼宇之间的“豁口”处风都会比别处大。中条山位于我国地形第二级阶梯面向第三级阶梯的“豁口”，风沿着黄河峡谷吹进来，风力强劲。盐池南边的中条山上有个盐风洞，“仲夏有候风出，声隆隆然，俗称盐南风，盐花得此，一夕成盐”。盐南风又名“南风”，从黄河河谷翻越中条山而来，下降的过程中容纳水汽的能力则随之上升，风热而干燥，故而是“河东盐”结晶的“神助攻”。

运城的盐湖坐落在运城和中条山之间，是个狭长形的湖泊，长有 30 余公里，从城市到盐湖要下一个很陡的坡。这就使人好奇，因为通常山坡是会一点点延伸到平原地带的，坡度会越来越缓，这里却形成了一个大凹陷，原因何在？按理说，中国的水系分内流河和外流河，内流、外流以河西走廊为界，为什么近在黄河最后一个拐弯处居然出现了有水流不出去的状况？

这要从 7 000 万年前的造山运动说起。因为受到挤压，就像弹簧被挤压一样，地壳岩层形成波浪似的形状，运城盆地南部的中条山和北部的稷王山、孤山因挤压而上升，两山中间断裂下沉，中条山下形成了长条形的洼地。周围溶解了盐分的水聚集在洼地

运城盐湖

内流不出去，日久浓缩成盐度很高的咸水湖，如今盐湖盐分浓度是海洋的 5 倍。运城盆地最大的一条河流涑水河都是绕着运城城外流向永济入黄河，没有大水的补给，盐湖更没有机会流出去了。

⊙ 寰宇之富贵

运城盐湖古称“鹾海”“古海”，因位居黄河以东而称“河东盐池”。南海的贝壳都曾经因为稀罕而当成钱币使用，早期生活在内陆的人类获得海盐的可能性微乎其微。内陆有个盐水湖，解决了人类的食盐需求，算得上是大自然绝佳的安排了。而人类走向文明，制作食盐算得上是重要一步。在制作盐的过程中，古人经过了很长时间的摸索。甲骨文里没有“盐”字，我们文字中最早和咸味有关的字是“卤”字，出现在金文里，而金文铸刻于钟鼎之上，是商末出现的文字。金文之后，小篆里有了“盐”字，意为将卤放在器皿上，通过烧煮方式使水分蒸发，可见战国时代先民们学会了制盐。

当然，没有“盐”字出现并不意味着先人就不制盐，相传制盐最早始于春秋时齐国，《管子》有“官山海”的说法，即由官府垄断经营山海之产。当时山海之产主要是盐和铁，官府经营盐铁，寓税于价，使人民既避免不了征税，又感觉不到征税。这是齐相国管仲这个官商祖师爷想出来的主意，管仲以一系列务实的政策助齐桓公成就春秋五霸的霸业，其中就有一条，“轻重鱼盐之利”及“徼山海之业”。他反对向“树木”“六畜”和人口抽税，而主张"唯官山海为可"。这也是后世朝代盐铁专营的滥觞。

或许商代古人就已经大规模制盐。20 世纪 70 年代末，考古工作者在夏县东下冯遗址中发掘出商代的盐仓。初步估算，这些盐仓可以储存 12 000 多吨食盐，时间就更早了。[①]

当盐的需求还少时，先民们是不需要制盐的，在岸边捡拾就可以了。如今的盐湖，在水浪拍打不到的湖边，岸上就有一圈白花花的盐结晶，有些浅水处，盐花从水底长出水面，白花花一片。可需求大了就得生产制造了，春秋战国时期人口增加，先民之间商业往来变得频繁，"盐"字的出现，很可能意味着商业的大爆发。

此地向北 260 公里，是清代富甲全国的祁县、太谷和平遥古城组成的晋商金三角，不由得让人去探究晋商和盐业的关系。中国古代统治者重农抑商，商人赚大钱的机会不多，流传后世的大商人多出现在春秋战国时期诸侯争霸、管制宽松的时候，或贩卖，或放贷，商人们反而有更多的用武之地，涌现出了管仲、范蠡、白圭等大商人。不过他们都算不上是干实业的，反而是晋商鼻祖猗顿，先做实业后经商，或许就是他把制盐从零散的家庭作坊变成了一个大买卖。

猗顿也被尊称为中华实业商祖，是运城西北临猗县人，本姓王，年轻时家贫，经常食不果腹，听到范蠡的大名不远万里去求教，做了范蠡的学生。范蠡告诉他"子欲速富，当畜五牸（母

① 杨鸥，尹婕．运城盐池：中华文明的发祥地．人民日报（海外版），2013-07-20（5）.

畜）”，即“牛、马、猪、羊、驴五畜之牸”。他回到家乡，在河东地带找到水草茂盛之所饲养牲畜，发家致富。此地为猗，他在猗安顿，又创业致富，后世因此称他为猗顿。猗顿有了初始资本后就来到盐池制盐贩盐，遂成巨富。

后来国家看到盐与铁都是老百姓生活中最重要的物资，于是改为官营。汉代桓宽在其所著《盐铁论》中说：“宇栋之内，燕雀不知天地之高，坎井之蛙，不知江海之大，穷夫否妇，不知国家之虑，负荷之商，不知猗顿之富。”把猗顿之富与天地、江海、国家并称。历朝历代的帝王怎么可能放任这样一笔大税源而不管呢？

关于盐的传说还可以追溯到上古时期。黄帝在河北涿鹿大战蚩尤，蚩尤兵败后被杀，身首异处，他的血化成卤，就是解州的盐池。解州是运城边的一个镇，关羽的家乡。解州附近有个蚩尤村，现称从善村，村中有蚩尤冢。传说里蚩尤还会冶炼金属、制作兵器，还是七十二行里盐业的祖师爷。

看到这些传说，我不禁想起了顾颉刚的疑古论，离我们时间越近的神话传说，内容越是年代久远，细节越是夸张玄幻。可见，随着技术的进步、生活水平的提高，有了更多的素材后，人们倾向于把自己的生活投射到远古的人类身上。

⊙ 官营与私营

除了粮食，农业社会盐也是最重要的生活资料，也就成了所谓不法商人聚敛财物的工具。贩私盐者常游走于社会的边缘地带，开阔了眼界，萌生出离经叛道的想法，还赚出了生存以外的财产。所以，对于古代政权来说，私盐贩子常常是一批最危险的人物，历史上很多所谓反贼都是贩私盐的。

唐朝末年的农民起义，北方地区第一个起兵反唐的便是私盐商人王仙芝，黄巢也是私盐贩子，看到王仙芝成了事也趁机拉起一拨队伍。黄巢的家族是私盐世家，三代都做着贩卖私盐的生意。王仙芝战死，黄巢接过了义旗，南渡长江，经江西、浙西、浙东，进福建，又围广州，天下转了一大半，最后回到中原占了洛阳，突破潼关，攻入长安。唐时长江流域还处于开发的前夜，岭南尚属开发不足、人口稀少的蛮荒之地，黄巢奔赴南方并在那里休整，给了起义军壮大的机会。从他的作战路线上，不难揣测私盐贩子的经历对他眼界的影响。

后世的元末农民起义，朱元璋不是私盐贩子，不过他起家的钱财大多都是私盐贩子“赞助”的。当时农民军蜂起，张士诚与方国珍都是典型的私盐贩子，一个杀了盐场的上司起兵反元，一个活跃在东南沿海占地为王。

私盐买卖产生的原因，主要就是朝廷的食盐专卖政策。柳宗元称为“晋之大宝”的运城盐池，被统治者视为聚宝盆，唐大历年间，运城盐池每年税收高达 150 万缗，约占全国盐税收入的四分之一，占全国总税收的八分之一。当时在运城一带盛传“唐之富庶，盐（河东）税其半”之说。柳宗元在《晋问》中说，当时运城盐池行销的区域“西出秦陇，南过樊邓，北极燕代，东逾周宋”，遍及今河北、河南、陕西、甘肃、湖北的大部分地区。运城的名字，就源于盐运之城。运城平陆县有一条虞坂古盐道，始凿于西周初期，明代曾扩凿，是河东盐运至中原、西北乃至全国的一条绿色通路。

到了宋代，宋仁宗推行“盐钞法”，对盐的运销进行了重大改革，由过去的官运、官销，一律改为商运、商销，官府与商人利益均沾，皆大欢喜，才从根本上改变了国家、商人和老百姓因盐业垄断而冲突迭起的利益关系。

⊙ 硫酸钠是盐吗?

不过，运城盐湖使人惊讶的是，这里的盐分并非如大海里的海水一样，以氯化钠为主，而是硫酸钠。现在我们吃的食盐，明确要求氯化钠含量要达到 95% 以上，那么古人如何利用这里的盐呢?

盐的咸味主要来自钠等阳离子。在数百种的可食用盐类中，能充当阳离子的元素主要有钠、钾、镁、钙等 4 种，但它们并不都是咸的。钠、钾离子有咸味，是食盐的主要成分；而镁、钙离子味道苦涩，常用于药剂。

至于阴离子，硫酸根和氯离子有什么不同？为什么运城盐湖的主要成分和现代食盐如此不同却被古人广为接受？为了回答这个问题，我查遍了资料，都没得到满意的答案，问当地人也没有收获，我所了解的是，现在盐池里的产出都做工业用盐，不再食用了。于是我潜入了北大医学院药物化学专业的一个同学群，得到了五花八门却又很专业的答案：

“氯离子和钠离子在体内的作用是分开的，比方说胃液是盐酸，但不能是硫酸。吃食盐分别补充氯离子和钠离子，人体好像不需要大量硫酸根，吃硫酸钠需要排出硫酸根，肝或者肾受不了。”

“恐怕会影响体内氯离子的稳态。有一种遗传病，囊胞性纤维症，由质膜上一个氯离子转运蛋白 CFTR 的突变导致。可见，氯离子的平衡对维持正常生理机能还是很重要的。”

“至于更深层的解释，关于为什么人类不能利用硫酸根，那是我的强项，因为这需要脑洞。我想有这几种可能。一是，硫（S）和氯（Cl）价态不同，氯化物结构更简单、更稳定；二是，氯离子体量比硫酸根要小得多，容易透过生物膜，充当电解质；三是，硫元素已经有其他工作了，人类不需要它做消化液或电解质。蛋白质折叠主要就靠二硫键，而且硫的来源主要是生物源。”

“显得不靠谱的答案其实还有很多，比如，如果人体能代谢硫元素，我能想到的含硫气体就是，没错，最臭的那种气。估计早期可能有这样的生物，后来由于遭受种族厌恶，生存条件堪忧，就自然选择了。最后想说的就是，生物进化充满随机性，我们这里吃氯化钠不代表别的星球生物不能吃硫酸钠，如需脑补，请搜索 Netflix 的《外星世界》。”

这些答案真是让我脑洞大开。后来我也想明白了，古人哪儿有现代人的科技和办法，能吃到有咸味的“盐”已经很幸运了。至于氯离子还是硫酸根，不会在他们的认知范围内。并且盐湖里并非没有氯离子，只是比硫酸根少罢了。古人短寿，不是没有原目的。

也有另一种可能，古代运城盐湖里硫酸根的含量远没有现在这样高。运城盐湖是从20世纪70年代开始转产芒硝，也就是硫酸盐类矿物的，转产原因是洪水暴发，把大量砂砾石冲入湖中，堵塞了向盐湖补给富盐地下水的水源口，盐产量越来越少，湖底卤水中硫酸钠的浓度则日积月累越来越高了。但使人生疑的是，漫长的历史时代，难道就没有过富盐地下水被“塞”住的时候？盐湖中硫酸盐含量时高时低或许是常态。

河东盐池虽然历史悠久，但因杂质多，用一个字来形容，就是“苦”。起初古人只会晒盐，唐代发明了垦畦浇晒法，以人工垦地为畦，将卤水灌入畦内，利用日光、风力蒸发晒制，改变了“自然印成”的原始方法。而且在盐的结晶过程中，古人懂得了往卤水中搭配淡水，借以提高盐的质量，加快盐的结晶过程。对于化学知识匮乏的古代社会，这已经是制盐工艺上的飞跃了。

“垦畦浇晒”技术中，除了物理方法，还有一种硝板晒盐技术，或有助于去除化学杂质和提纯。硝板的化学成分是白钠镁矾，它是由盐湖水中的硫酸钠和硫酸镁结合而成的复盐，除了通过化学反应净化卤水，有助于硫酸钠的析出之外，它白昼储热、夜间保温，可使卤水不停地蒸发，并且，还能延缓食盐结晶核的生长速度，助其结成粒大饱满的盐晶体。或许，正是这一独特的技术，使运城盐的成分更接近食用盐。

李约瑟博士在《中国科学技术史》一书中，称“垦畦浇晒”技术为“中国古代科学史上的活化石”。

第十二章

大平原

看过“桃花源”，再回头行走在山前的大平原，就有了别样的感觉：黄河泛滥、湖沼密布，还有来自太平洋的“高压水枪”的洗礼。

⊙ 陆海

那是2021年的冬天，我在华北大平原上追寻大运河的踪迹。在高速上开车，庄稼收割了，树叶落了，所有的路边景色都是一样的。有时候错过了路口，不得不兜着圈子往目的地赶路，仍然感觉不到有什么区别。晚上做笔记，记录一天的见闻，乏善可陈，有点小失望。可突然想到，华北平原这样单调、这样平面化，难道不是黄河这条含沙量全世界第一的河流的杰作吗？想象远古的中华大地上，今天洛阳的位置有一条挖沙船，这条挖沙船从黄河中游的黄土高原吸沙，然后再把夹带着泥沙的水流喷射到下游。那些挖沙船在围海造田的时候，沙水洪流都是向前甩动喷出的，船的前面就形成了扇子面状的土地。一般河流出山都会淤积出洪积扇，黄河泥沙多、水流大，自然状态下一定是不断摆动淤积的，黄河下游平原的形成，其实可以用一个物理模型来重现。

而黄河出山口正对着的便是山东丘陵地带，挖沙船喷出的沙子一定会在这里堆积出一个沿山的裙带。想到此，黄河在自己的冲积扇上一次次溃堤改道，把扇体的局部堆高后再去堆砌另一部分，以自然的方式日积月累塑造黄河下游的大平原，就仿佛挖沙船的动画演示般展现在头脑中。理想化的冲积扇的扇体，扇轴是最高处，这就是为什么从黄河出山的花园口到开封，也是华北平原的高仰之处。因为这条分水岭的存在，开凿贯通南北的大运河时这一段最难修。大运河的制高点南旺分水岭处于山东西部的丘地上，一切的一切，萦绕在心中的谜团顿时迎刃而解了。那一刻真是狂喜，于是赶紧查找资料，发现黄河下游平原的堆积层最厚的达到 5 000 米，最浅处也有七八百米。把黄河当成一艘挖沙船，黄河下游平展的、无边无际的大平原特征也就容易理解了。

2022 年秋天我又离开北京，青色的秸秆、猩红色的顶穗，一样高矮，一排排一列列静默地立在田野里的玉米使人联想到侯仁之先生关于陆海的说法。那是民国二十年（1931 年）的秋天，他从济南来北京上学，火车在华北大平原上奔驰，阳光潋滟，万里无云，从车窗向外望去，田野好像泛滥着一阵浅碧又一阵澄黄的

黄河入海口

三县——雄县、安新和容城是围绕着白洋淀建设的，白洋淀的一片浩荡大水，给未来的城市提供了水源保障。

古人筑城，既要近水，得水之利，又要避水之害。城址的高程不可过高，以便于从自然的水系中取水，也不宜过低，防止高水位为城市带来洪泛灾害。《管子》中提出理想的城市环境，需满足“非于大山之下，必于广川之上。高毋近旱而水用足，下毋近水而沟防省。因天材，就地利”的条件。今人有了趋利避害的工程技术加持，避水之害的需求小了，更多的是得水之利，没有水源是万万不能的。

白洋淀是华北平原上最大的天然大型平原洼淀，被誉为“华北之肾”，那里芦苇和荷花在浩浩荡荡的水泽中拥挤着，留出一条

白洋淀卫星图

条水道通路，渔民打鱼撒网，游客从中荡舟穿行，曾经是一片水乡繁忙景象。可惜我去的时候，这里的游客码头因为疫情关闭了，零星有当地人在附近招揽生意，把游客带到更偏僻的码头上船。

白洋淀由 143 个相互联系的大小淀泊组成，总面积 366 平方千米，平均年蓄水量 13.2 亿立方米。如果放在江南，这点水量根本不值一提，即使在黄河故道山东、江苏一带，也显得小而微。太湖以低浅著称，但太湖正常水位下容积为 44.3 亿立方米；微山湖、洪泽湖等淮河流域串珠式湖泊的蓄水量都在几十亿立方米。可白洋淀的珍贵就在于河北平原缺乏大湖大泽，上世纪“大干快上”兴修水利的时候还生生在平原上堵水，兴建了河北第二大湖泊衡水湖，面积不过 75 平方千米，蓄水不到 2 亿立方米，真是水面珍贵到极致。

现在，为了雄安新区的建设，国家再次引入黄河的水源，引黄入冀补淀工程全长近 500 公里，在河南省境内的濮阳黄河河段取水，每年 6 亿立方米的黄河水北上，白洋淀生态补水 1.1 亿立方米。

华北平原上本来是不缺水的，《禹贡》云天下九泽，现在的衡水湖附近的大陆泽居诸泽之首，为古代北方第一大湖。大陆泽的形成与黄河有直接的关系。古代这里是黄河故道，黄河挟带的泥沙在填造平原时也引起壅塞，故而下游湖泊众多，其中著名的有大陆泽、大野泽、雷夏泽、孟潴泽等。史志上称大陆泽广袤百里，众水所汇，波澜壮阔。后来，黄河水道逐渐东移，远离了太行山山麓，大陆泽靠来自太行山的河流补充水源，湖面不断缩小，这个大湖最后的消失还是上世纪的事儿。

平原上河湖密布，沼泽连片，这对农耕民族是再好不过的待开垦的土地。排干积水，湖沼淤泥露出来，最宜稼穑。直至上世纪，长江下游如鄱阳湖和洞庭湖还向湖泊要农田，围湖造田。在战国后黄河下游土地的开发中，河北一带因相对偏远，河湖又多，几乎是最后开发的。而新开垦的土地往往又是肥力颇高的良田，到了唐朝轮也轮到了河北边地土地开发，朝廷鼓励军屯戍守边地。这里水利灌溉系统十分发达，土地肥沃，曾广开稻田，河北道遂成为全国最富庶的区域，天宝年间这里的人口超过千万，为全国诸道之冠。不过人口和财富却成了安史之乱的祸源之一，安禄山自恃兵多将广、粮草丰足，蔑视朝廷进而起兵，盛唐经此一乱走向衰落。

汉唐之时这里还聚集了众多的世家大族，和农耕开发也不无关系。河北安平县的博陵崔氏是唐朝望族，唐初《氏族志》以其为第一等士族，时至中晚唐，天下人公推崔氏第二房为“士族之冠”，博陵崔氏在唐代有宰相 16 人。《西厢记》里的宰相家小姐崔莺莺扶柩回乡，就是从长安回博陵，在黄河岸边的普救寺巧遇进京赶考的张生，虽是小说家之言，情节设定却有着深厚的历史背景。博陵就位于大陆泽的北岸。

可如果放眼到更古远的时代，河湖沼泽荒草树木对古人就不是那么友好了，刀耕火种的先民还是得先到山坡上耕种那些相对干燥、疏朗的半林半草的山地。至于河泽分布的大平原，只好留给野兽了。

⊙边缘上的曙光

历史学家辛德勇在他的《黄河史话》中也提到，从新石器时期以降，到商周春秋时代，在河北平原的中部一直存在着一片宽阔的聚落空白区，在这一大片土地上既没有这些时期的文化遗址，也没有任何见于可信的历史记载的城邑聚落。

我在磁山文化遗址博物馆看到一张黄河流域新石器时代遗址分布图，佐证了这种看法。黄河流经之地基本没有遗址出现，尤其是黄河北流向渤海湾，条带状的水流通路上居然一片空白，向南流入黄海的带状区域内则有零星的龙山文化遗迹分布，却没有仰韶文化遗址。仰韶和龙山文化是尧舜禹之前的中国分布最广的新石器文化，是进入文明状态的“临门一脚”。它们分布广泛，时间跨度超过 2 000 年，在黄河下游的缺席似乎说明了那时黄河下游的生态环境对原始人并不友好。

找到磁山文化遗址博物馆是个极端戏剧化的心理建设过程。跟随着导航从华北大平原转向太行山脚下的矮山丘陵，本以为快到了，可总也开不到，导航居然指引我钻进一条数公里长、仿佛到不了头的隧道。出了隧道，更让人失望，这哪里像是一个农耕环境？峰峰矿区，分明是一座煤炭和铁矿石矿山，道路上挤满了装卸煤炭矿石的大型运输车辆，山谷里烟囱林立，吞吐着白烟。硬着头皮找到了一座小山包上的博物馆，博物馆边上却是一间大型选矿厂。为什么 8 000 年前的磁山人要把居所选在大山里？又凭什么能维系 700 年在这里农耕不息？

可下山的时候，导航的路线却是一条平缓的下坡路，再也没有大货车出现了，道路舒缓而平直，如诗如画，真是一路顺风顺水就来到了邯郸城，就看到了丛台广场上赵武灵王的铜像。原来邯郸城与太行山主脉之间还多出来一座南北走向的山——鼓山。这座山系太行山余脉，地处太行山与华北平原连接部，算不上大山，约 20 公里长，却很高，主峰海拔近 900 米。就因为这座山，邯郸城从太行山山麓上一连串的城市脱颖而出，战国七雄之一的赵国迁都于此。邯郸边上的邺城也是历史名城，曾经是曹魏、后赵、冉魏、前燕、东魏和北齐等多个朝代的都城，曹丕代汉移都洛阳后，还以此为北都。

鼓山也叫响堂山，背后的南洺河谷地宽阔，一马平川，比山前地势高出很多。有缓坡相连，又因为有山体阻挡，既与大平原相近得享华北大地的资源，又规避了平原上的洪水肆虐。三家分晋时赵国将都城迁到了邯郸，战乱时期多个割据势力在此建都，恐怕也和这里攻守相宜的地势有关系。当然，这里之所以是兵家必争之地，还因为邯郸背后的滏口陉在太行八陉中最为宽敞且地势平缓，是利于大型部队，尤其骑兵行走的古代道路。在骑兵部队在争霸中变得越来越重要的魏晋南北朝时期，滏口陉几乎成为与太行山脉相通的主要通道。

邯郸为什么给世人留下那么多的成语？原来它曾经是春秋战国时期最重要的城市之一。从春秋到西汉，邯郸是漳河与黄河交汇的地方，那一次黄河沿着太行山北上，河道稳定了 600 余年，邯郸也成为北方最繁华的城市。两条华北大河交汇，如同今日武汉或重庆一样的存在。它又为什么在隋唐之后湮没无名？或许也和黄河改道有关系。黄河在东汉即向东游移，北宋虽然再度向西回归，却再也没能贴近太行山麓。

这座长条带状的鼓山还佐证了我的一个看法，即山体可以挡住太平洋台风带来的暴雨，帮助先民们遮风挡雨。向磁山文化遗址博物馆馆员张海江打听2021年河南山前地带大暴雨的情况，他告诉我这里是风水宝地，他们的镇馆之宝粟谷粮仓都8 000年了还保存完好，言下之意，山前的暴雨能奈山后何？

当时的赵都邯郸也是战国后期黄河以北人口众多、商业繁荣的著名的大都会之一。自周安王十六年（前386年）赵敬侯从晋阳城迁都邯郸，至秦王政十九年（前228年）为秦所破，邯郸作为赵国国都历经八代王侯，延续时间长达150余年，赵武灵王的胡服骑射就发生在这里。赵武灵王开疆拓土，先后吞并中山国，大败林胡、楼烦二族，开辟云中、雁门、代郡三郡，修筑了赵长城，可惜晚年竟被儿子饿死于沙丘宫变。

春秋时期晋国本是个存在感并不强的小国，偏安于山西的汾河谷地，多个君主受到秦国的庇护。晋文公重耳62岁回国做了诸侯，励精图治，晋国才称霸一方，可因为过度倚仗流亡时期陪伴左右的谋士，致使贵族势力甚至盖过了国君，导致了三家分晋。中国的历史也从小国寡民的春秋时期转到了列强争霸的战国时期，那是历史上的一个关键性转折点。分裂后的韩魏赵三国也都从山西的莽莽大山包围着的促狭区域搬到了黄河大平原上。我不由得琢磨，三家无一家留在山西，这难道是巧合？

《中国环境史》中，作者马立博引述了历史学家许倬云的一段描述：公元前 800 年左右，也就是周朝初期，周的一个诸侯国郑国要搬家到周都城宗周附近，搬迁的路上还要“斩之蓬蒿藜藿”，这是郑国大臣子产回顾郑氏先人草创东方基业的艰辛的教诲之言。就我所知，“蓬蒿藜藿”这四样植物皆是灌木或草木，一年不打理便会长满田地。由此不难想见，即便周初之时，天子脚下仍有很多无人占有的土地。那时候人口既少，为抢占土地发生的战争也罕见，春秋时期的人还颇讲礼数，听命于天子。到了战国则礼崩乐坏，应该和人口膨胀、四海闲田尽数被瓜分后的人口和环境压力有关。而韩赵魏三国从太行山、吕梁山环抱中的逼仄之地走出，来到大平原开创基业，也正在华北平原大开发之时。这也佐证了从山地到平原，春秋战国时期中国北方土地开发的繁盛情景。

⊙ 最早的粮仓

磁山文化是仰韶文化中的早期形态，2022 年我到那里的时候正好是遗址发现 50 周年，博物馆里挂着纪念横幅。当时磁山遗址的发现引起了极大的轰动，中国社会科学院考古研究所研究员殷玮璋的评价是，磁山文化遗址的发现，将仰韶文化向前推了 1 000 多年。

碳十四测定的磁山人生活的时代距今约为 8 000 年到 7 600 年，在中原文化中与黄河南岸的裴李岗文化同时代，被称为中华文明的曙光。磁山人除了建造茅草盖顶的半地穴式居住房屋，还有储藏粮食的窖仓，这里出土的家鸡骨骸是已发现的最早的家鸡骨骸，比原来认为的世界最早饲养家鸡的印度要早 3 300 多年。这里发现的粟谷的贮量达 14 万斤，年代只比赤峰市敖汉旗兴隆沟聚落遗址出土的粟谷，也就是小米晚了 500 年，可兴隆沟只出土了 1 500 多粒炭化植物种子。难怪这里的博物馆馆员骄傲地告诉我，这里是全国乃至全世界考古发现的最古远的大粮仓，可谓“天下第一粮仓”。

展厅中我看到的动物骨骸有马鹿、短脚牛、野猪、兔子的，还有金钱豹的，植物有粟、榛子、小叶朴、胡桃等。这让我思考一个问题，如果华北大平原没有后来人类的垦殖，会是什么样子？换言之，一个原始生境的黄河下游平原会是什么样的生态？按照植物地理学分类，华北平原处于温带阔叶落叶林带，植物以栎、山毛榉、槭、椤、椴、桦等树木为主，但这应该是山地和坡地上的生态特征。若是河沼密布，则是灌丛和杂草、间或森林的天下。蓬蒿藜藿丛生，蛇虫钻行自如，动物身上长着厚厚的皮毛，在荆棘丛中生活也很自然。可那样的环境，身体上早褪去了毛发的原始人真是难以立足。偏安于更高的山间谷地刀耕火种是最好的选择。我们中国人大规模开发南方的湿地森林还是魏晋南北朝时的事情，而在黄河低地砍伐森林，不会早于夏商周三代。也是先从中游相对干燥的地方开始，先点状开采，再连片开发，逐渐向着下游湿地拓展的。

而在磁山人生活的时期，那时的华北大平原还是绿玉一样被原始植被包裹着的世界。如今这里几乎每一寸土地都被垦殖了，大片的玉米地外，村民们在土地的边角种了豆角和芝麻，芝麻的籽实像菱形的小灯笼，挂在茎秆上，美极了（芝麻是印度人驯化的）。我不由得好奇起原始人是如何想到驯化农作物的。秋天的荒野上，到处都是小籽粒的穗状果实，如果我是原始人，偶尔也可能冒出一个“撸一把，看籽能不能吃”的念头吧。问过几个小学生，他们都知道小米是从狗尾草驯化来的，狗尾草可是华北到处都见得到的“荒草”，孩子们最爱用它毛茸茸的草头玩游戏，原始人或许也是被它的样子吸引，然后尝了尝，进而试着种植的吧。另外，我国北方驯化的粟、黍和稷，皆是旱作农作物，虽然耐瘠薄土地，但产量都很小，也从侧面证明了中华北方文明最初的黄土属性。

⊙ 靠山

在邯郸城，我去看了赵王城遗址公园。赵王城位于邯郸城的西南角，如果不是近年来城市的扩张，那里和城市是挨不上边的。王城建在太行山山麓伸向平原的岗地上，高岗如同螃蟹伸出来的大螯，从山体伸出来，再横向环抱，赵王城就在这横向的高岗上，比周围的平原高出二三十米的样子。从城门到城外建设的遗址博物馆是一条长长的下坡道，给人的感觉仿佛山与城之间有一条河谷似的。

住在高地上，饮水恐怕是个问题，但那时候的中国人早学会了打井，城市排水也较为普遍了，赵王城就发掘出了水井遗址，还有城市排水的陶制水槽。

沿着太行山再向前，来到河南安阳的殷墟遗址，商人选择的都城城址风水似乎没有战国时的赵国——一个王朝下面的诸侯国——的选址那么好。殷商城建于平地上，但也不是绝对的平原，而是山前坡地。安阳河穿城而过，这条河流古称洹水，殷墟出土的甲骨文中，就有“戊子贞，其烄于洹泉”的说法，这说明洹河见之于文字记载，至少已有3 000多年的历史了。至于殷墟的“靠山”，如果深入它背后的浅山地带，还会有更为让人叹服的发现。安阳向着太行山行走，有着几十公里平缓的浅山地带，随后就是贴着平地耸立而起的高大山体。原来在太行山山脚，因为地壳断陷形成了林州盆地，盆地由一系列小盆地相连组成，面积近300平方公里。腹地有如此大的一片平原，殷人选址安阳真是享尽了地利。20世纪50年代林州人民修建了红旗渠，原因是河流并不流入盆地，所谓“守着漳河种旱田”，可在古代，人们似乎没有把旱田改为水田以提高产量的压力，即使有也没有办法。

在安阳，我特意留意了安阳站、安阳东站、京港澳高速、京广高铁，乃至南水北调运河的位置，佐证了侯仁之先生关于南北大通道的看法。铁路是最早的现代化交通工具，通常铁路就建在明清古城的边上，北京的前门火车站如此，安阳火车站也是如此。后来随着国人工程能力的提升，穿越平原上的湿地不在话下，高速公路离太行山更远了。及至修建高铁，更重要的是保证速度，尽量直线行驶，高铁线路更是远离了山脚，在大平原上驰骋。而南水北调则需要在上千公里的距离内保持均匀的坡降，还是得靠近山体，所以在所有这四条南北生命线中，南水北调工程是最靠近山体的。

⊙ 水井

中国最早的水井发现于河姆渡文化，水井出现的时间距今约 5 700 年。不过也有河南的考古学者称在驻马店发现了距今近 9 000 年的水井，是贾湖遗址周边发掘中的成果。《水经注》说："神农既诞，九井自穿。"《世本》说："黄帝见百物，始穿井。"《吕氏春秋 · 勿躬》说："伯益作井。"从考古发现看，把井的发明者说成传说时代的炎帝、黄帝和伯益似乎有一定道理，又似乎要更古远一些。

不过，显然水井的批量出现是在三皇五帝中华文明集中爆发的时代。太行山后，山西省汾河谷地的陶寺遗址——考古学者所推断的尧的都城——发现了深度达到 13 ～ 15 米的古井，距今 4 000 年。那还是石器和骨器做工具的时代，挖这样深的井，尽管黄土高原的土质相对易挖，也算得上是国家级的工程了。

能够向地下取水，人类就摆脱了单纯的对河流的依赖，地下水源要比河流水源相对稳定，古人的生产生活乃至规模化的人员聚集才有了可能。

到了殷商时期，青铜器体形硕大，做工精美绝伦，金属制的工具也普遍使用了，挖井自然不在话下。如果说陶寺时期舜禹禅让还带有阶层平等、社会大同的原始社会色彩，殷商时代的社会已经进入到了阶级严重分化的奴隶制的“文明”社会状态，殷墟遗址中随处可见的陪葬坑，显现出那个社会的不平等和残酷的一面。商王武丁和妇好的爱情被现代人寄予了美好的想象，可妇好墓里居然有 16 个人被活活殉葬，其中还有孩子。商人重占卜，重祭祀，也重视往生的生活，考古学者还发现了一件有趣的事情，他们的墓穴往往在 9 米、10 米的深处，正好是这里打井的深度，也就是地下水的水平面的深度。商人很可能对地下水冒出的深度感到神奇，以为那里可以连接到另外一个世界。[①]

古人对地下水之于幽明两界的认知，还浓缩在黄泉相见的典故里。春秋初期，郑庄公因母亲姜氏支持共叔段谋反，一怒之下，将其安置到颍城，发誓说：“不及黄泉，无相见也！”事后又非常后悔。颍考叔知道后，机智地提出“阙地及泉，隧而相见”的办法。在地道里，最终庄公与母亲姜氏得以相见。

---

① 岳洪彬．再论商代的“黄泉观念”：从殷墟王陵和水井深度的比较得来的启示．中原文物，2018（5）：38–48．

第十三章

冲积扇的诱惑

肥沃的冲积扇，也只有人类有了先进的工具、成熟发达的组织能力，才能大规模地开发起来。

⊙ 冲积扇的形成

安阳城的不远处，更宽阔的漳河从太行山中流出来，蜿蜒流淌到中原大地上。我路过漳河的时候万里无云，已经好多天没下过雨了，河流平静地流淌着，如果赶上大雨，水位暴涨，又会是另一番景象。解放后河流出山口普遍修建了水库，汛期洪水得到了管束，但印象里山洪暴发的时候，还是曾把太行山深处的林州红旗渠边上的道路给淹没了。若没有水库大坝拦住，不难想象山洪出山时的万马奔腾。

殷墟遗址实际上就处在河流的冲积扇上，从中国文字博物馆到殷墟博物馆的几公里间，从东到西向着太行山走，我明显能感觉到在上一个缓坡，查了一下海拔，高程上相差约有 10 米。

冲积扇的形成是因为河流刚出山，摆脱了山体的束缚，水流有了向四处漫溢的倾向。流速慢了，水流夹带的泥沙也就沉淀了下来，山口边上于是形成了扇面状的从厚到薄的堆积。山里的树木落叶、土壤里被冲刷走的腐殖质乃至山上岩石溶解的矿物质，通过河流被带到了平原上，堆积最多的地方正是冲积扇，冲积扇因此也有了“农耕金三角”的美誉。古人在这里开荒种地，因为土壤肥力强，往往有好的收成，这也就成了农耕的黄金地块。不过因为洪水频发，河流在冲积扇上频繁改道，冲积扇上的农耕看起来也像是一场赌博，遇到水流从开垦的土地上漫过，一年的辛苦就全泡汤了。当然，现代社会我们学会了束缚河流的流向，可因为河流不再流过，也不会形成肥沃的土壤。

古埃及文明的农耕，利用的就是尼罗河下游洪水一年一泛滥的规律，在泛滥的间隙种植农作物。可在我们中国，因为雨热同期，庄稼生长的季节也正好是夏天的汛期，中国人与天气的博弈就显得复杂多了。由此不难推断，当先民们聚集在冲积扇上生活时，他们已经具有了比较发达的社会组织，有了较强的抗风险能力。其实，殉葬制度就是这种能力的一种佐证，没有富余的劳动力，商人怎么可能追求往生的精神生活？

⊙ 商人多迁

商人的迁移也是很有名的。盘庚迁殷是中国历史上一起著名的迁都事件，而在殷商历史上，这样的迁都进行了很多次。《尚书》记载商人“不常厥邑”，《史记》记载先商从契到汤共八迁，商代500余年从汤到纣共五迁，前八后五，一共十三迁。商人为什么频繁迁移？要知道，在畜力时代长途跋涉是很不容易的，更不用说管理一个国家的行政机构和统治集团频繁迁移了。《圣经》中摩西受上帝之命率领被奴役的以色列人逃离古埃及，前往富饶之地迦南，经历40多年的艰难跋涉。这段远征被大书特书，可见古人远行的艰难。

关于商人的频繁迁都，史学家也是莫衷一是，各种说法并存。

有游牧说、游农说，有河患说，有内斗说，还有去奢从简说等。[①]那么，以假想中 3 000 年前黄河下游周边的地理环境，又能如何解释呢？漳河有自己的冲积扇，黄河也有，并且是范围更广、形态更为复杂的冲积扇。据河南省科学院地理研究所马玉凤等人的研究，黄河冲积扇大致以郑州—兰考一线为轴，扇面向东北和东南方向倾斜，地跨河南、河北、山东、江苏和安徽五省，其分布范围西起洛阳孟津的宁嘴村，西北沿太行山麓与漳河冲积扇交替，西南沿伏牛山山麓与淮河上游相接，向东延伸到鲁西的湖洼地带。因为冲积扇体形过大，它几乎与黄河入海在平原上形成的三角洲直接相接了。[②]

殷墟所在的安阳，正好处在漳河和黄河冲积扇交接的地方，而通常冲积扇的边缘，坡度降到了底，边缘之外则会有湖泊出现。在黄河还没有被束缚于加高的大堤之前，在山东与河南之间是存在着一连串的湖泊的，即使现在从聊城到济宁再到徐州一带也是湖泊成串分布。

黄河下游土壤肥沃，湖泊密布，放在今天自然是农牧相宜，可在古代，在冲积扇上种田、在河湖沼泽之间开辟土地拓展疆土，是需要逐步适应和改造自然环境的，这或许就是商人不断迁徙的原因吧。

---

① 岑仲勉．黄河变迁史．重庆：重庆出版社，2022：89-126．

② 马玉凤，李双权，潘星慧．黄河冲积扇发育研究述评．地理学报，2015，70（1）：49-62．

⊙眺望山东丘陵

站在太行山上向东望，我特别想得到一双千里眼的加持。穿过茫茫沃野、河湖沼泽，对面是以泰山为主峰的山东丘陵地带。那里的山并不高，面向黄河的更多的是缓山丘陵，大汶河发源于此，是华北地区少有的自东向西流淌的河流，这里孕育出了新石器末期最为先进的文化类型龙山文化，龙山文化以精美的黑陶为代表。确认龙山文化比仰韶文化更晚近，还是因为千里之外的殷墟考古上的发现。20 世纪 30 年代，在哈佛大学攻读考古学的梁思永先生学成归国后参加了殷墟后冈的考古发掘，很快发现了仰韶文化层、龙山文化层、商文化层由下而上的三层堆积，从地层上证明了中国的历史由史前到历史时期是一脉相承的。仰韶文化和龙山文化都相当发达，此前人们分不清孰先孰后，后冈三叠层被发现后，总算有了头绪。这也意味着发源于黄河中游黄土地的仰韶文化和发源于黄河下游山东丘陵的龙山文化，有着传承和联系，在那个时候，人们是可以跨越漫漫湿地沼泽的。

但时间再向前推，沿海地理环境较为相近的地区，相互之间的交流则要早于沿海与内陆之间的交流。沿海北至红山文化，南至良渚文化，形成了一个弯月形的玉器带。另一个现象是，我在磁山文化里见到的三足钵，沿海同期考古中也有发现。不过三点决定一面，三足是稳定且最简单的结构，这也无须多联想，但渤海的器物与江浙沿海似乎有着更多的联系。二里头考古队队长许宏注意到，拥有三个袋形足的鬲，最早出现于龙山时代的黄土高原，进入二里头时代，鬲在黄河以北的晋南和豫北冀南地区较为盛行。在二里头文化的核心区域，却基本上不用鬲。此后随着商人灭夏、商王朝的势力范围不断扩大，鬲的使用在空间上也大范围地扩展，成为最具中国特色的炊器。[①]

还有一个现象也能体现沿海文化之间的联系，龙山人有着奇特的凿齿习俗，出土的骨骸中有的切齿被拔除了，龙山的拔齿现象尚不明显，大汶口文化更为普遍。[②]与大汶口同时代的长江下游的马家浜文化、长江中游的屈家岭文化都有此习俗，福建沿海遗存中也有发现，而黄河中游却没有发现。

在山西博物院，我还看到了一个上古时期钱币展览，展览着这片土地上最古老的货币贝壳，年代是四五千年前。那时候贝壳从沿海流通到中原，一定是极其艰辛的，否则也不会珍贵到做一般等价物。新石器时代，古人通过海洋在沿海之间的联络似乎要比披荆斩棘跨过黄河下游湖泊沼泽的联络容易。需要注意的是，贝币产自南海的热带海域，比北方的海还要遥远，当然更为珍稀，故而被古人当作了一般等价物。

有了这样的地理知识背景，再看殷人的一次次迁徙。这是中国人口第一次大规模出现在黄河下游区域，要在这里站稳脚跟，自然需要不断地试探，找到和环境相匹配的生存方式。

黄河下游有很多地名中带有“丘”字，如商丘、任丘、沈丘、

① 许宏．溯源中国．郑州：河南文艺出版社，2022：285．

② 张光直．古代中国考古学．印群，译．沈阳：辽宁教育出版社，2002：159．

封丘等，如果看古地图，带“丘”字的地名更多。“丘”和“陵”两个字都有高地的意思，有学者认为，商丘就是商所在地。古人生活在黄河下游，最紧要的避险是躲避洪水，丘地或许就是他们进入大平原的一个个跳板。如今在山东西部大平原上还散布着众多的堌堆，这是远古人类堆土而成的高台，专为避水而用。菏泽域内有150多个堌堆，以“堌堆”命名的村庄就有上百个。堌堆上经常发掘出新石器时代从大汶口到龙山文化的堆积层。秦汉以后黄河稳定了，先民们又在高台上修建坟墓，那上面是考古的热土。

⊙ 黄河泛滥

30年前，我大学刚毕业，去找分配在开封建设局的同学闲游，住在他结婚后单位分配的宿舍里。那是一个二层小楼，还是木地板，走在上面吱吱嘎嘎响。那可绝不是现代公寓水泥地面上再铺一层装修用的木地板，而是实实在在的木板做的楼层板，想必是民国时代的建筑了。我们的古人在没有钢筋水泥之前，是没有能力建高楼的，楼板也只能使用木板，免不了走上去晃晃悠悠的。

后来我的同学和他的同事们一起努力恢复大宋汴梁城的荣光，让《东京梦华录》里的繁盛重现。清明上河园美轮美奂，宋都古城大美壮观，可在我的记忆深处，仍是那个吱吱嘎嘎的小楼，或许才更接近宋朝人真实的生活吧。

开封有一座著名的铁塔，颜色呈铁红色，故而称铁塔，其实是琉璃砖塔。55 米多高，可谓是古代建筑的奇迹，钻进塔里逐级向上，就能发现古人建高塔的秘密，塔内几乎是实心儿的，留出一条非常窄的向上攀爬的通道。如此堆砖而上，只重高度而不顾及其他功能，倒是可以建得比较高。当然，像应县木塔那样结构复杂的木塔，更是建筑奇迹。

开封铁塔

这座塔已经有三层被埋在了黄土里。黄河悬河开封段，河床距市区地面有 10 米高，这里是黄河整个河段内外高差最大，也是最危险的，自从北宋皇祐元年（公元1049年）开建，900多年中，铁塔已经遭遇了15次水患。

河流下游的堆积再正常不过，整个华北平原都是由河流堆积而来。但自从黄河被束缚于一条通道，泥沙也只能沉降于此，堆积的不平衡性尤其显现出来。否则，如果均匀堆积，黄河不会如此之高悬，周边城市也不会如此被频繁洗礼。

开封“城摞城”，位于黄河冲积扇的“龙骨”上，又处于“龙骨”前端地带。20世纪80年代考古意外发现，在龙亭一带地下3～12米处上下叠摞着六座城池，其中三座国都、两座省城、一座中原重镇。明代周王府遗址以下8米深处是北宋皇宫遗址——赵匡胤当皇帝时上朝的大庆殿。

不过，围绕考古队当时的发现一直质疑不断，“城摞城”未免太戏剧化了。要更严谨地观察这里黄河的决溢，直观的画面其实远在扬州的大运河博物馆。博物馆组建时从开封挖了一个古汴河剖面展出，这件巨幅展品长25.7米、高8米，站在它面前，你会被如此大面积的深层土地震撼得喘不过气来。通济渠是隋炀帝开凿大运河的首期工程，唐宋时称为汴河，因为运河在开封与黄河交汇，遂成就了这座历史上著名的都城。

巨大的河道剖面中，土壤像树木的年轮一样，一层一层地呈现出来，或粗糙或细腻的土层中夹杂着不少石块、瓦砾、瓷片、动物骨骼。自下而上，这些来自隋、唐、宋、元、明、清等不同朝代的沉积物，是运河河道不断沉积留下的时间“密码”。为了把这段河道剖面从开封运到扬州，博物馆费了很大的功夫，先把剖面分割成一个个方形小块便于运输，到了博物馆内再按照编号拼接出来。这件展品堪称大运河博物馆的镇馆之宝。

黄河从洛阳出山，空间从此开阔，但难免仍受到秦岭余脉伏牛山与太行山的束缚，诸如嵩山等相对低矮的小山也是能够管束住河流的，只是到了郑州桃花峪才彻底流淌在大平原上。桃花峪也因此成了黄河中游和下游的分界点。自洛阳北面的孟津渡口到开封，黄河河床高程陡降 80 米，滚滚浊水虽然没有山谷里那般奔腾猛烈，在大平原上也足够冲堤毁坝了。黄河历史上的溃坝多发生在开封到兰考的河段，以至于这里成了加固堤防的主阵地，河堤因此越发高耸。

30 年前，我从开封城一直徒步走到了大堤上，一路上坡，又从大堤一路下坡到了黄河岸边，那时候黄河几乎枯竭，30 年后则又是一池大水，黄河生态治理天翻地覆，真是让人莫名感叹。

⊙ 地理枢纽

大约是 20 年前的夏天，我参与了郑州商城的报道，到少室山看汉阙，巩义看宋陵，新郑看韩国的都城、车马坑和出土的青铜器，方圆百里的地方，上到商周下到宋代，历史绵延不绝，并且都是重量级的城市。可后来郑州就从上古的都城没落为清末的郑县，存在感越来越小，还是靠京汉铁路翻身，从开封手上夺回了中原大省首府的位置。原因何在？

之所以京汉铁路从郑州过黄河，而不走当时的河南巡抚驻地开封，原因就在于开封段的黄河是地上悬河，且土地沙质化，不利于建跨河大桥。郑州正好在山脚，就是我们前文提到的那条沿着太行山一直向南的、沟通整个国家南北的大道。当古人借助畜力和双脚丈量这片土地的时候，郑州处于交通节点；当水路交通在沟通南北中地位凸显，开封城晋升为枢纽。后来火车和汽车把陆路交通带回了这片大陆，郑州又回到了中心。

郑州商城有3 600年的历史，可现在只剩下夯土的城墙。只因为我写过苏州的园林，故被分配写郑州的城市景观，我于是犯了难。那时候的郑州是一个浸润着苏式建筑和苏式审美的工业城市，街道笔直，高大的法国梧桐无处不在，城市是如此整齐划一，弄得人不知从何写起。我一遍一遍地刷街道，苦思冥想，还是没能完成任务。苏州，那座屹立了2 500年的城市，因为城市多次蝶变，换上了明清园林的"衣裳"而内容丰富，而郑州尽管有3 600年的历史，却让人不知从何看起。

20年过去了，郑州、洛阳和开封这三座黄河岸边一字排开的中原城市变化很大，30层的高楼大厦取代了苏式四五层的小楼，马路拓展得更宽，法国梧桐再也显不出高大了，真是瞬间换了人间。可还是无从感知，因为无论走到哪里都是一个面孔。除了夯土的城墙，3 600年前还有什么是和现在一样的呢？

于是我把头抬起来，看向天空。"今人不见古时月，今月曾经照古人。"2021年郑州"7・20"暴雨进入了视线。尽管天气时有波动，五六千年前还是一个暖期，但3 000年前的天气应该和现在相仿，那时候或许也经常发生暴风雨吧。"7・20"暴雨时，考古界最关注的是对郑州商城的损害，特大暴雨后郑州商城遗址总体安全，但东城垣、南城垣多处出现滑塌。

这次旅行我关注的焦点是远古时代古人的生活，这里有和磁山文化几乎同期的裴李岗遗址，有后来的商朝大城，还有战国时期韩国的都城，那时的古人是否也曾遭遇过暴雨洪水的洗礼？

⊙ 高压水枪般的风雨

中国疆域的形状像一只昂首而立的雄鸡，站立在世界的东方，一唱天下白，这是平面化投影到地图上的形状。面对一张地形图——那种有凹凸的、相对于水平比例尺甚至放大了高程的立体地形图，你就会被另一种形态震撼。这个国家在地形上是如此独一无二：世界上最高的山在这里，最深的海沟在我们的外海不远处，最高、最大的一片高原在这里，我们有着陡直的高山大川、宽广的平原谷地，世界上最复杂的地貌类型聚集在此。

相对于两河流域的古巴比伦文明、尼罗河流域的古埃及文明、印度半岛的古印度文明，中国作为四大文明古国之一，所处的地理环境是最为复杂而独特的。

地形上，我们脚下的这片土地可以简化为三级台阶。青藏高原平均海拔 4 000 米以上，面积 250 万平方千米，相当于整个国土面积的 1/4，这是第一级台阶。在青藏高原的东面和北面，内蒙古高原、黄土高原和云贵高原环形拱抱着，平均海拔 1 000 米到 2 000 米，这是第二级台阶。第三级台阶则是东部沿海的东北平原、华北平原和长江中下游平原，三大平原的海拔绝大多数都在50米以下。第三级台阶上，还有诸如江南丘陵等大片丘陵地，海拔也基本在500米以下。我们是一个以高原、山地、丘陵为主的国家，不平坦的土地占据了国土面积的2/3以上，平原和盆地面积相对狭小。中国平原面积只占国土面积的1/8，相对而言，世界平原总面积约占全球陆地面积的1/4。

中国的地形颇有几个世界之最。雅鲁藏布大峡谷是地球上最深的峡谷，全长504.6公里，最深处达6 009米，平均深度2 268米，是不容置疑的世界第一大峡谷。这自然和青藏高原这个世界上最高、最大、最年轻的高原的形成有关系。高山与深谷，陆地上最大的落差、最壮观的峡谷景色在此形成。与之类似，我们还有世界上海拔最高的盆地、海拔最低的盆地，围绕着青藏高原形成了一系列的世界之最。在两只手指可以数清楚的世界之最中，黄河是世界上含沙量最高的河流，这虽然很难称为好事，但也算得上是一个奇迹，围绕着这个奇迹，中华文明的很多独特性由此产生。

那么，根据三大台阶和高山大壑的地理特征，我们该如何解释华夏文明的起源和王权国家的形成？

2021年7月那场暴发于河南郑州、鹤壁、安阳和新乡等地的暴雨，一小时降水量超过了200毫米，雨水如瓢泼，庄稼尽毁，让我们感受到了极端天气的威力。并且，积水多日之后才彻底退去。不难想象，这场暴雨如果发生在史前，刚刚学会农耕的先人将受到致命的打击。

那么，如此“暴力”的降水从哪里来呢？它们来自太平洋上的热带气旋——俗称台风，是海洋上蒸腾水汽的大汇合。因为旋转，水汽具有极强的动能。热带气旋有时沿着太平洋上的副热带高压区域运动，高压与气旋之间形成了一个吹水槽，水槽对着哪里，哪里就有源源不断的水汽供应。而郑州、新乡和鹤壁等城市正处于中国第二级和第三级台阶之间，城市的西边是伏牛山和太行山的茫茫大山，高山阻断了水汽的通路，雨水于是从天而降。无独有偶，20 世纪 70 年代河南驻马店的一次致命的溃坝事件，也是源于同样的造雨机制，在台风带来的特大暴雨的影响下发生，那次包括板桥水库在内的 60 多座水库溃决。

台风往往带来极端降雨，据记载，1972 年 7 月底“7203”号台风曾进入京津地区，造成燕山南麓及北京北部地区降下大暴雨，最强的暴雨中心位于燕山南麓的枣树林，3 天过程降水量达到 518.3 毫米。1996 年 8 月初，“9608”号台风在河北省中南部地区形成特大暴雨，滹沱河、滏阳河、漳河流域发生洪水，9 座大型水库溢洪，300 多座中小型水库库满溢流，4 个滞洪区被迫启动。

这里记述的四次暴雨有一个共同特点，都发生在华北平原的山前地区。2012 年的北京“7・21”特大暴雨让人记忆犹新，那次暴雨其实也和北京两面环山的地形有关系。山体加剧了湿热空气的爬升，空气中的水汽加速凝结。

华北平原上暴雨之频发、之猛烈，是其他古文明产生的区域无法比拟的。全球热带海洋上每年生成 80 ～ 100 个台风。其中约 36% 发生在西北太平洋和南海上，这里是全球生成台风最多的海区。平均每年有7个台风登陆我国，数量居世界第一。太平洋对岸的美国也经常遭到飓风的袭击，但那里人口稀少，并没有远古文明产生。

只隔了几千年的时间，古代的天气状况应该与今日没有很大差别。设想那时候的人类，刚刚由采集渔猎向耕种定居的状态转变，他们生活的地盘不会是如今的大平原上，那时候的平原还是沼泽密布、林密草深，他们还没有能力开垦平原淤泥的土地，只能从山坡上一点点地向下迁移，寻找水和土、干和湿的恰当的结合点。这些早期的定居点，自然多分布在中国第二级与第三级台阶的结合点上，可这里，隔上一段时间便会遭受来自太平洋上"高压水枪"的扫射。

当然也有如良渚那样的文明，先民适应了江南河道纵横的水泽环境，建设了巨大的水上城池。但据考古发现，在良渚文明后期有颇为明显的淤泥层分布，提示着文明的消失或与大洪水有关。

⊙ 中原人口爆炸时

晋人皇甫谧爱好著述，历史地理中的很多数字都要寻根到他那里，他在《帝王世纪》里写道："及禹平水土，还为九州……民口千三百五十五万三千九百二十三人。"也就是说，夏代人口已有1 300多万了。但根据在哪里？

中国社会科学出版社出版的《商代史》推算夏朝的人口应有270万。推算方法是这样的：共1 800个方国（城市），每个方国平均人口1 500人，由此计算出夏朝总人口270万人。这270万人，以现在的眼光看，仅仅是一个小城市的人口，可在当时，已经是人类空前繁荣的大时代，此时的中国人已经迈进了文明的门槛。

以当时的生产力水平，以区区270万的人口恐怕是没有办法在下游筑堤，大规模治理黄河的。商代有了文字，历史有了牢靠的记载，治理黄河的时代其实就可以找到凭据了。黄河逐渐成为地上悬河，普遍的看法是从战国开始的，那时候铁质工具开始普及，人类改造自然的能力实现了飞跃。

最初，治河筑堤还是出于战争的需要，战国七雄中的齐、魏、赵三国，有一段国界以黄河为界。齐在东南，地势较低，为了防备河水灌入，在离河道不远处建起了黄河长堤。魏、赵两国虽然地势比齐略高，但由于齐国筑起了长堤，黄河泛滥，就开始在自己的境内，也在离黄河不远处建造了长堤。

而河边的民众向河滩要耕地，一点点加高堤坝，黄河大堤于是越来越长。黄河每年要从黄土高原带出16亿吨的泥沙，泥沙沉积后，下游河床每年会升高约10厘米。开封附近的黄河河道高出市区7～8米，有的地方高出了10米，如果再算上开封城多次被洪水淹没地面抬高，黄河泥沙的淤积就更多了。由此不难判定，黄河下游至少有一两千年的河堤加固历史。

历史上，黄河以“善淤、善决、善徙”而著称，民间常有“三年两决口，百年一改道”的说法。周定王五年（前602年），黄河发生了有记载以来的第一次改道，下一次大的改道就是汉武帝元光三年（前132年）了，其间有470年黄河没有大的改道，足见古人在此期间已经开始了下游的治理。

古人大规模向华北平原迁徙，应该也发生在战国时期。我国人口也是到战国时出现了历史上第一次飞跃。梁启超在《中国史上人口之统计》一文中估计，那时七国人口已达3 000万人；范文澜的估计是2 000万人。无论如何，当封建制取代奴隶制，生产力得到了释放，又由于铁器、牛耕在农业上的广泛使用，农田大量开垦，经济大发展，春秋时期原本分散于各国之间的“隙地”，陆续得到开发。大小城邑和新的居民点，如雨后春笋般涌现出来，所谓“鸡鸣狗吠相闻，而达乎四境”。

魏都大梁、宋都睢阳、楚都陈及寿春均因鸿沟水系的开凿，成为重要的经济都会而被定为国都。中国的水利大开发、黄河下游平原的人口爆炸，正是从战国开始。

第十四章

快乐的农夫和不期而至的马尔萨斯陷阱

在宝鸡，汾渭大裂谷的西角，我看到溪水从秦岭上渗流下来。这里地下水位极浅，使人联想到周代的“井田”以及汉代农业的大爆发。

⊙ 夹缝中的城市

在宝鸡，看完了渭河岸边石鼓山上的宝鸡青铜器博物院，我住在了背靠黄土山的渭河北岸，穿过一个巨大的菜市场，再往北就是山坡。山很高、很陡，也没有路，让人没有爬上去的愿望。但奇怪的是山体没有峰峦起伏，山脊似乎是一样高，在同一个水平面上，我突然似有所悟，难道这不是山，而是那种陡峭的黄土塬的塬壁？这个想法抓住了我，我赶紧跑回酒店，从电梯上到17层大楼的顶层，算上大堂，这里的高度有60米的样子，可也只是达到了黄土塬中腰的位置。从高处往下看，宝鸡市像条玉带一样贴着黄土塬拉伸，街道多是东西方向，铁路线贴着黄土塬坡底蜿蜒而过，不远处就是火车站，火车出了车站就钻进黄土里了。而我这次是坐着高铁而来的，高铁走的是渭河南岸，沿着秦岭的脚下飞驰。

宝鸡就是这样一个夹缝中的城市，渭河出了陇东高原，劈开山谷，发源于黄土高原上的金陵河、千河又在这里汇入，渭河的北岸就分割出一块块巨大的黄土塬。黄土从遥远的亚洲内陆吹过来，到了秦岭已经是强弩之末，但在渭河岸边，仍旧堆出了高达近百米的厚度，也是让人感叹。当然，也可能没有如此厚，渭河在汾渭大裂谷切割土地，很可能切入了黄土层下面的更古老的土壤。

周人繁衍壮大的周原就在宝鸡凤翔的黄土高原与渭河河谷之

宝鸡地形示意图

间，《诗经》有："周原膴膴，堇荼如饴。爰始爰谋，爰契我龟，曰止曰时，筑室于兹。"大意是周原土地肥美，连苦菜都甜如糖，于是周人搬到这里建屋定居。宝鸡之所以有青铜器博物馆，也是因为在周原发现了大量精美的青铜器。

向卖玉米的小贩打听这里庄稼种植情况，他告诉我种猕猴桃的多，种葡萄的也多，粮食主要是玉米和小麦，一年两收。种庄稼的水源怎么解决呢？全靠打井，这里打井非常浅，通常三米，顶多到十米就能打出水来。他的家乡就在宝鸡边上，这个地方真是风调雨顺，当汾渭大裂谷这个贯通于晋陕大山与黄土高原上的重要地质构造在这里即将并拢，中间这一片土地就显得尤其得天独厚。两边是山，是高原，地势比这里高得多，地下水向中间汇流，土壤于是润泽，打井是如此容易，种庄稼变得易如反掌了。

宝鸡后来新修的高铁从城市的另一面经过，可站在南侧的高铁站上向北望，黄土塬的陡坡仍然清晰，塬上的建筑似乎都能数出层数来，中间渭河大桥的桥梁斜拉悬梁也看得清清楚楚的。两条铁路线、一条河编织出了宝鸡市这座镶嵌在大裂谷边缘的城市的脉络。

⊙ 关中之井

中国人自古就有春雨贵如油的说法，还有瑞雪兆丰年的说法，其背后的含义是冬天和春天降水珍贵。这是季风气候的特点，雨水来自海洋水汽蒸发，东南海洋季风年初在南方登岸，那时候势头还弱，于是，水汽凝结于陆地，在广东、广西形成回南天。继之风力稍强，在长江中下游一带与退守的大陆冷空气僵持，长达一两个月的梅雨天气，让江南人饱受阴冷潮湿之苦。直到 7、8 月份，冷暖风团交锋的锋面移至华北大地，豪雨到来，一年的主汛期突然降临。华北每年降水量的四成出现在 7 月下旬至 8 月上旬，俗称“七下八上”的短短 20 来天内，这样的降水和作物生长不是很匹配的。

庄稼发芽的春天雨水之可贵，就集中体现在了“春雨贵如油”的表述里。若土地傍着大山，且是冬日里有着大量积雪的大山，春天冰雪融化，雪水沿沟谷而下，山脚下的农地就会有水源滋润，这对春天植物发芽便是绝好的天时地利。秦岭主峰太白山海拔 3 700 多米，高耸于关中盆地之南的群山之上，渭河的源头鸟鼠山海拔 2 400 多米，处于陇南大山的边缘，高山流水流到海拔 500 米的关中盆地，水势减缓了，温度也急剧升高，如果从春日灌溉的角度看，关中盆地有着绝佳的地利条件。

如果再配以水井，且是浅层地下水的水井，春日之灌溉，就没有难题了。

在《汉代农业：早期中国农业经济的形成》里，许倬云讲到汉代农人的打井盛况，考古学家在洛阳周边的 80 余座汉代古墓中，就发现了 97 口水井模型。他指的应该是冥器陶井，汉朝人事死如生，墓葬里要配置生前使用的器物，以冥器中水井的数量，许倬云推断彼时家家户户都会打上一口井，水井在汉代已经是生活必需品了。该书里还提到，有则碑文记录了一个小里邑的居民集体开凿了一口义井，有 91 个人捐了钱，捐款者的名单中没有一个被标明是官员。由此他推断，兴修水利不仅是政府关心的问题，也是普通百姓的意愿，在共同利益面前，百姓们自我组织起来，共同分担开销，并共享效益。①

虽然古人很早就打井灌溉，周代的耕种制度即是以井田为基础，但大规模的汲水灌溉有赖于挖井工具的普及，铁质农具在战国时期就已经出现并被农人们使用，但直到汉代铁质农具才人人都用得起。有了水井，可以方便地调用地下水，或许是关中盆地农业大发展的一个促进因素。

① 许倬云．汉代农业：早期中国农业经济的形成．程农，张鸣，译．南京：江苏人民出版社，2011：123．

⊙ 微笑的陶俑

对于那个文字多是记述重大事件的古代，要了解先民们的生活，画像砖、画像石是最好不过的入口了。所幸汉朝人事死如生，在墓葬里用画像石、画像砖和各种各样的陶制冥器记录着他们生活的方方面面。看到泥塑小人憨态可掬的表情，那似乎是一个欢乐的时代。

汉代陶俑中有一种说唱俑，表现了汉代特有的一种娱乐表演方式：一人击鼓说唱，动作浮夸，表情也很夸张。他们属于娱乐业，表情欢乐是理所当然的。但四川博物院里各种劳作俑、仕女俑、舞乐俑等不同社会分工的陶俑仍然笑容满面，就很难用职业来概括，而只能解释为是一种社会风貌了。据四川博物院副院

四川博物院收藏的汉代说唱俑

长谢志成的看法，这种集体微笑的风格，并不见于他处，仅见于巴蜀地区出土的陶俑。

谢志成提到，在四川出土的汉代陶俑有一个最大的共同点，就是全部面带笑容。如果说说唱俑的眉开眼笑、开怀大笑还是工作性质使然，但各种劳作俑、仕女俑、舞乐俑等不同社会分工的陶俑仍然笑容满面，就不能不说是一种区域性的精神风貌和性格特质了。

的确，我在扬州博物馆里看到的两座汉俑，表情就颇为凝重。四川出土的汉代陶俑，没有见到严肃、怒目或者沮丧的，说唱俑也主要出土于四川，这似乎暗示了当时四川地区人们的生活水平和精神状态，幸福感很强。是四川人天生豁达吗？似乎是，天府之国的物质丰足在塑造四川人的性格上是潜移默化的。

诸葛亮曾在“隆中对”时提到四川之国情，“益州险塞，沃野千里，天府之土，高祖因之以成帝业”。由此他又推理出“民殷国富而不知存恤，智能之士思得明君”，这是颇为混乱的逻辑，既然民殷国富，为什么还要明君来管理呢？他是从枭雄占地盘的思路出发的，因为那里的人富足却乐天知命，没有为战争做准备，就可以去攻打他们。诸葛亮治蜀十余载，数次北伐，几乎把四川的财富耗尽，正如《三国演义》里所说，“入其朝，不闻直言；经其野，民有菜色。所谓燕雀处堂，不知大厦之将焚者也”。当然，这里指向刘禅的昏聩无能，却也是资源耗尽之相。

在开发南方的过程中，存在着一个平衡的过程。人口极少，自然中危机四伏，每日里提防着狼虫虎豹，生活环境潮湿，山岚瘴气，“丈夫早夭”，想必没有幸福感可言。比如张献忠屠蜀后，四川人口锐减，在湖广填四川的过程中，1682 年，四川荣昌知县张懋尝带着七名随从到荣昌县城赴任，一群猛虎将其七个随从吃掉五个。又比如，四川南充市在顺治年间，第一次招来移民 506 人，结果被老虎吃掉了 228 人，第二次又招来 74 人，又被吃掉 42 人。那时的四川华南虎横行，是老虎的国度。

不过很快，到了清末四川就成为全国人口最密集的地区了。乾隆十四年（1749 年），四川有 250 万人口，到清朝灭亡前的 1910 年涨至 4 800 万。人均耕地则从 18 亩减少到 1.8 亩，从人均占有资源远高于全国平均水平，到了快垫底的程度。

清代的四川，似乎浓缩了人类开垦大自然的过程，其中一定有一个节点，垦荒者的幸福指数是最高的，人口达到了一定数量，有了群体优势，自然里隐含的危险因素都在掌控中，可仍有很多资源有待开发，未来似乎充满了可能性。但马尔萨斯的陷阱也如影随形，很快人口过度膨胀，四海再无闲田。

⊙ 农夫的生活

在成都，卓文君和司马相如的爱情佳话演变为今日的一条道路——琴台路。当秦并六国，卓王孙们拖家带口被迁到成都平原一角的临邛城的时候，作为第一代移民，他们的拓荒其实很值得研究，可惜历史记载语焉不详。

都江堰伏龙观附近出土的一块石雕水塘，向人们展示了东汉时都江堰灌区的生活风貌。石刻又称“淡水养殖画像石”，水塘长 1.5 米、宽 85 厘米，被分为三个部分：左侧有树木、小船、草团，八个农人在劳作，还有一位怀抱婴儿的撑伞妇人；右侧上半部水塘有莲蓬、鸭、田螺、青蛙、梯级水闸；右侧下半部水塘有莲叶、螃蟹、鳖、鱼、水闸和水栅栏。这是一幅围绕着陂塘的田园景象，那时已经有了伞，地主雇佣了很多佃农——也可能是农夫卖身投靠。都江堰灌区除了渠道灌溉，农人们也在田地里挖池塘储水养鱼养鸭，陂塘上建有水闸和栅栏，方便灌溉和取水，栅栏还可以拦住鱼虾，防止其游走。农人们除了种地，还有了养殖的副业，灌区的土地得到了精细的利用。

在成都博物馆，我看到了整面墙的画像石，场院里停着小车，农人在捣谷，鸡鸭满地走，农妇在灶台前做饭，马拉着车，有农人在水塘里行船，似乎在采集，还有人在纺线。画像石的上方有两只羊，似乎是装饰，画像石的一角还有老虎，也应该是装饰。东汉有钱人热衷于把生活中的场景带到地下世界，男耕女织，牛马猪狗满院的生活，代表的是丰足与美满，也许是那个时候至高的快乐吧！

汉代朝廷对农业极其重视，汉朝皇帝称自己为天下第一农夫，经常到黄河、汾河交汇处的后土祠去祭拜土地娘娘。西汉末年，历史上第一次出现了农学专著《氾胜之书》，氾胜之官至黄门，曾以轻车使者的名义，在陕西指导农业生产，获得丰收。《氾胜之书》总结的是他在黄河流域指导农事的经验，但有些经验相信在东汉也传到了四川。书中对农业增产具有普遍意义的当是“区田法”，即把土地分成若干小区，做成区田，每一块小区，四周打上土埂，中间整平，深挖翻平土壤，以利于肥力输送、保土保湿。氾胜之还大力提倡密植、注意中耕灌溉等。

《氾胜之书》之前汉代已经出现了代田法。汉武帝穷兵黩武，晚年悔悟征伐之事，提出“方今之务，在于力农”，因而任用农业方面的全才型人物赵过推广代田法。所谓代田，即是使土地部分利用和休闲，并轮番交替。田地深翻，沟垄相间，种子播种在沟中，待出苗后，结合中耕除草将垄土壅苗。这样可以防风抗倒伏，保墒抗旱。垄和沟的位置逐年轮换，去年的垄，今年变为沟；今年的沟，明年变为垄，这也是代田法得名之由来。垄沟互换使得土地轮番利用与休闲，无须大面积休耕，土地也能常年保持肥力。

代田需要深翻，可穷人缺牛少马，起初代田主要在富户间流行。代田的功效显现出来后，穷人也开始想办法仿效了，牛耕这一存在很久却没有大规模运用的耕作方式在汉代大面积铺开来。《汉书・食货志》记载赵过向全国推广耦犁和耧车。耦犁是用两头牛拉两张犁，后面两人各扶一张犁，前面一人负责牵引两头牛，二牛三人一组的耕地方式大大提高了生产力。耧车是一种畜力条播机。

许倬云在《汉代农业：中国农业经济的起源及特性》里提到，汉代农作的规模一般都不大。农史学家估计，在秦统一前夕，秦国农民平均占有土地的数量要远远小于 108 小亩（古制，一百步为一亩）的理想状况。而在人口更为密集的关东诸国，农民已经开始开发沼泽及丘陵向阴面等边缘土地。

史学家根据《管子》中的记载推算，当时农户平均占有的土地是 70 亩，但不同的史料却显示，平均农作规模是 20 到 30 亩，每人 5 到 7.5 亩，或者说每个劳动力 6.6 到 10 亩。照《汉书·食货志》的说法，汉代一个劳动力平均占有大约相当于今天 14.4 亩的土地，每户有田合今 28.8 亩。

在后人的眼里，汉代农民的生活大都是悲惨的，土地被兼并，寄人篱下。他们春耕夏耘，秋收冬藏，却缺衣少食。但据宁可教授《汉代农业生产漫谈》（刊载于《光明日报》1979 年 4 月 10 日）一文的分析，从西汉末到东汉后期，全国人口大致保持在五千万人上下，其中农业人口约占四千万。一家五口，两个劳动力，每个劳动力年产粮 2 000 斤左右，全国每人每年占有粮食 640 斤，每个农业人口每年口粮 486 斤。作者于是感叹，自汉以来的两千年间，我国农业生产虽然有所发展，但由于每人占有的耕地面积趋于减少，农业劳动生产率、每个农业人口的口粮数和全国每人平均占有的粮食数，仍在汉代已经达到的水平上徘徊。

作为对比的是，2022 年全国粮食总产量达 13 731 亿斤，平均到每个人头上约 970 斤。

⊙ 大一统的红利

纵观历史，中国农业开荒拓土、耕地面积大扩张主要集中在三个时期。一个是西汉 200 余年间，另两个时期分别是两宋和清朝中叶，其中尤以西汉最具“爆炸性”，人口从开国时五六百万增长到 5 900 万，耕地也增加了 6.4 倍，达到 8.27 亿亩。[①]

每个朝代开国之初土地都相对充裕，荒地闲置出来，前朝土地被没收，皇室于是占有了大量土地，尤其是山林、沼泽、森林和湖泊，更有专为皇家辟出的猎场。汉初当萧何提议开放上林苑中的空地让百姓耕种时，汉高祖刘邦曾勃然大怒，萧何因此被下狱。可到了武帝时代，贫富之间的土地矛盾已经极为尖锐了，朝廷开始将土地授予那些失去土地的农民。从公元前 140 年第一次提到国有土地的授予，到公元 2 年的最后一次授予，《汉书》记载了 11 次授地活动。将国有土地授予贫民，意味着这个国家已经没有荒芜的土地，农民开始变为流民，政府不希望流民啸聚山林破坏稳定，只好拿出了皇家土地。

但汉代的土地相对于后来的王朝还是相当充裕的。朱国宏所著的《人地关系论》中，东汉人均耕地是最多的，达到了 10.7 亩，到了清代中期则人均不足 3 亩。

关于历代农业生产和人均粮食占有量，古人没有精准的统计，今人只能依据史料猜测。众多推算中比较受认可的是陕西师范大学历史地理学家卜风贤的估算。他认为春秋战国时期中国人均粮食占有量是 648 斤，秦汉时达到了 1 148 斤，隋唐时更达到了顶峰的 1 450 斤，随后就开始退步，到了清代降到了 780 斤。

汉代的农作物还主要是产量不高的旱作小米，从战国到汉

---

① 张兰生．中国古地理：中国自然环境的形成．北京：科学出版社，2012：133．

初，正常年景没有灌溉的旱田小米单产 40 斤左右。直到唐朝中期小麦才逐渐取代小米的主要商品粮地位。又由于可以越冬，小麦的普及相当于提高了复种率。西汉时期的犁比现在要落后很多，唐朝时才在苏州一带出现的曲辕犁是中国古代农具发展的一个里程碑，普及到中原大部分地区也要到宋朝。可由于国家统一，西汉中期开始官员普遍异地任官，农业技术开始飞快普及。西汉中期是农业技术飞跃的一个阶段，生产力爆发，单产快速提升，甚至超过了人口的增速，那应该是一个技术和制度红利集中释放的时期。

汉朝之后的历朝历代，尽管农耕技术在进步，新的土地得到垦殖，可技术和土地红利再也没有超过人口的增速，人均粮食占有量的暂时提高很快就会被激增的人口拉下，马尔萨斯陷阱这个困扰人类生存的梦魇登场了。

这不由得让人联想起“内卷”一词的源头——爪哇岛的水稻种植。以面积论，爪哇岛仅是印度尼西亚第五大岛屿，却居住了印尼一半以上的人口，每平方公里的人口密度达到 1 100 人，是全球人口密度最高的岛屿之一。美国人类学家克利福德·格尔茨在印度尼西亚调查时发现：爪哇岛因资本缺乏、土地数量有限，加上行政性障碍等原因，无法将农业向外扩展，结果就是增加的劳动力不断填充到有限的水稻生产中，农业内部变得更精细、更复杂，却形成“没有发展的增长”。

⊙ “闲适”溯源

让我们从汉代农业的大背景回到成都平原。既然都江堰灌区1949年以后能够扩大三倍，在漫长的历史时期，它的开发应该是不完全的，远没有触碰到上限。又因为大山环绕，秦末的七年战争没有影响到这片土地，前后汉之间的新莽之乱中，群雄逐鹿争天下，也是在华北平原和关中平原上展开，并未牵扯到四川，这使得四川盆地成了休养生息的地方。但正如我们看到的，秦将12万六国贵族迁居咸阳附近，以防其反抗。同时，四川也是移民目的地，中原富人迁至成都平原，给这里带来了先进的农耕技术以及商业文明。

公元2年，巴蜀等5个郡，共66个县，合计77万户、351万人，占同年全国人口数的5.89%。东汉时全国人口与西汉大致相同，而四川则有所增加，公元140年，巴蜀等5郡人口增至470万人，占全国人口数的9.56%。古时的人口统计以征税和徭役为目的，数字未必精确，但还是能反映大致情况。四川偏安一隅，少受战争影响，生活稳定，物产又丰，吸引着外来移民。四川人的乐天，就如同如今成都人的闲适，是有着丰厚的物质基础的。

那时蜀地的粮食生产不仅能够满足本地需要，还有余力帮扶其他地区。据《汉书》记载：汉代初年，关中发生大饥荒，发生了人吃人的惨剧，汉高祖刘邦体恤民情，曾下令饥民“就食蜀汉”。之所以说是“体恤”，原因是官府平时不允许百姓自由迁徙，只有遇到饥荒才特别恩准可以逃荒。汉武帝时，“山东被河灾”，朝廷“下巴蜀粟以赈焉”，元鼎年间，“水潦移于江南”，朝廷“方下巴蜀之粟，致之江南”。

⊙ 重农轻商之由来

许倬云写汉代的农业，其实并不想仅仅介绍当时的农业状况，而是试图陈述一件事实，即汉代打下了中国后来农业发展的主要基础和框架，此后的朝代便是小修小补，农业立国的地位再也没有改变过。但如果我们回到那个年代，在汉初短短的100年间，我们的国家或许不必走到重农轻商、只重农耕不及其余的路上，以至于后世路径依赖，积重难返。

自从春秋末期土地私有，土地在国人中的转移就从来没有停止过，汉代的土地兼并也是如此。范晔在《后汉书》中作了这样的描述：“豪人之室，连栋数百，膏田满野，奴婢千群，徒附万计。船车贾贩，周于四方，废居积贮，满于都城。”每当改朝换代，土地均平化后，经过了一段时间又会重新聚集到富家大户手中，贫富矛盾于是又重新激化，直至再度激发出农民起义。历朝历代的统治者都希望汲取教训，但从来也跳不出朝代更迭的悲剧循环。

汉代罢黜百家，独尊儒术，对于土地兼并、贫富分化，儒生们给出的解决办法是回到周代的井田制，这也直接导致了王莽篡权后实施土地公有。但除了儒生的乌托邦理想，汉帝国的统治者对豪强的忌惮却是别有原因的——豪强有钱有人，壮大后便有了挑战皇权的潜力。秦始皇统一中国后采纳李斯建议行郡县之制，目的就是杜绝诸侯势力，行一家之王政，万世不移。刘邦取秦而代之，第一要务就是总结秦亡的教训，从秦之严刑峻法的法家治理方式转向儒教，与民休息，但在权力分配上承袭的仍是秦的皇权独大的郡县制。

可刘邦以一介亭长的社会根基得天下，要聚拢一批勇士、谋士，是不得不以诸侯分封来赢取人心的。汉代开国之初，朝廷并没有乾刚独断的实力，各方势力角力，社会也呈现出了丰富而纷杂的环境。按许倬云的说法，“早在战国时期，伴随着各区域间的频繁交流、货币制度的发展以及城市中心的增长，在中国历史上第一次出现了商业的繁荣景象，而且富有的工商业者也赢得了较高的社会地位。汉初商业活动活跃，延续了战国时期商业的繁荣与引人注目的城市化进程”。汉代国家统一，阻碍货物流通的关卡消失了，道路系统更加完善，汉代的商业活动必定更加兴旺。

崔寔在 2 世纪时编撰的《四民月令》，描述了地主家庭生活的各种有趣细节。地主们通过经营农业来维持其大家庭，而以出售剩余农产品与手工业品作为收入来源补充。《四民月令》提到的家庭事务包括教育、祭祀、不同时令的农活，还有衣服裁制、洗染、缝补等。战国末期，人们发明了“石转盘磨”，能够将小麦粒磨成粉末了，这种“石转盘磨”到了汉朝在全国推广开来，人们吃到了面粉，但面粉发酵技术还没有传到中国。那时候的地主生活也包括食品制作、酿造与制酱。

商品经济发展，同时赋税征课货币化，农民的土地得不到保障，在汉代，人们的生活中处处都要用到钱。农闲时农人们会养蚕、纺线织麻、制作工具、做家具、养殖家畜，做各种小生意换钱。尽管那时候的商业和手工业被儒生们看作“背本趋末”，但汉初的“事末”历时长、地区广、人数多，并非个别现象。战国末期至汉初，商品经济向着专业化发展，司马迁曾列举了许多能带来丰厚回报的经济行业，这些行业包括养殖牲畜、种植果木以及园林。那时候的富商大贾，有的种田起家，财富超过了一州之长官；有的行贾，类似现在收山货、跑单帮的，也有巨富之人；卖油脂的也聚积了上千金的财产；磨刀的也成了富甲一方的巨商大户，钟鸣鼎食。真可谓三百六十行，行行出状元。

但最终，喧闹的商业社会还是被泼了冷水。提倡重农抑商最激烈的士大夫是汉文帝、汉景帝时期的晁错，在《论贵粟疏》中他提出，当时的农民一年辛辛苦苦，到头来却不得不“卖田宅，鬻子孙”，而富商大贾们“男不耕耘，女不蚕织，衣必文采，食必粱肉。亡农夫之苦，有仟佰之得”。通过两种截然不同的境遇的强烈对比，他指出要重农就必须抑商，不抑商就无以重农。贾谊也有类似论断，“背本趋末，食者甚众，是天下之大残也”。

可问题是，大批农民从事工商末业经营，不仅有助于缓解人口集中与土地有限之间的矛盾，而且对增加收入、加速商品交流诸方面都具有积极的作用。不过，他们的论断正迎合了皇帝的胃口，诸侯势力被平定后，对皇权构成威胁的正是富商大贾。后来撼动王朝根基的农民起义，虽说是农民起义，其实很多起义领袖出身于私盐贩子之家。

使社会原子化，是历代统治者的一大法门。秦晖通过简牍碑铭等研究中国古代的乡村结构，发现汉代长沙郡各县里丘（自然村）可以说都是杂姓聚落，村中没有超过 30% 的大姓，而一姓人口也往往分布在多个村落。这显然和我们对现代乡村的认识完全不同。从秦之商鞅变法起，国家就在强制兄弟分家，务求分化家族势力，更不要说有钱有势的商人了。汉代的里亭设置也是对上负责而非自治组织。里亭制存在多个系统——民政系统（里）、情治系统（亭）、文教系统（社）等，彼此互不统属，外来户口也可以就任，很明显这是上级为方便监察动员而设置的制度。

但统治者的脑回路其实也没有复杂到哪里去，他们只管得了自己脚下的一亩三分地，边远地区却是鞭长莫及的。于是那些失地农民向着未开垦的森林荒地找生活，逐渐聚集起来。人一多了，自然有衣食供应的商品需求，也就会逐渐聚集在能力出众的人物周围。到了汉初末期，边远区域经常有地方豪强，聚拢着数万农夫。

王莽代汉，农民军蜂拥而起，绿林军就来自长江流域的荆州一带的绿林山。重农抑商的模式虽暂时稳固了皇权，却埋下了王朝倾覆的祸根。更可怕的是，中国 2 000 年朝代更迭的治乱循环也不可避免地在马尔萨斯陷阱的机制作用下发生着，只是到了近现代，科技的发展才给我们带来了生产力的飞跃，有了走出陷阱的契机。

图书在版编目（CIP）数据

气候、地理与古代的我们 / 邢海洋著. -- 北京：中国人民大学出版社，2025. 6. -- ISBN 978-7-300-33859-0

Ⅰ. K90

中国国家版本馆CIP数据核字第2025XG9519号

气候、地理与古代的我们

邢海洋　著

Qihou、Dili yu Gudai de Women

出版发行	中国人民大学出版社		
社　　址	北京中关村大街 31 号	**邮政编码**	100080
电　　话	010-62511242（总编室）		010-62511770（质管部）
	010-82501766（邮购部）		010-62514148（门市部）
	010-62511173（发行公司）		010-62515275（盗版举报）
网　　址	http://www.crup.com.cn		
经　　销	新华书店		
印　　刷	北京瑞禾彩色印刷有限公司		
开　　本	890 mm × 1240 mm　1/32	**版　　次**	2025 年 6 月第 1 版
印　　张	9.625 插页 2	**印　　次**	2025 年 6 月第 1 次印刷
字　　数	195 000	**定　　价**	79.00 元